DIE 100 BEDEUTENDSTEN ENTDECKER

Jacques Cartier

Jacques Cartier

DIE ENTDECKUNG KANADAS

Aus dem Französischen und Englischen
übersetzt von Alexandra Maria Linder
und Niels-Arne Münch

Herausgegeben und eingeleitet
von Udo Sautter

EDITION ERDMANN

Und so wird es Euch gefallen, dies Buch zu betrachten, in dem in reichhaltiger Weise alle Dinge enthalten sind, die es würdig sind, festgehalten zu werden. Dinge, die wir auf der genannten Seereise und bei unserem Aufenthalt in den Euch genannten Ländern und Landschaften gesehen haben und die uns begegnet sind.

Jacques Cartier

INHALT

EINLEITUNG
von Udo Sautter 9

ERSTE REISE
Bericht über die Reise, die Kapitän Jacques Cartier im
Jahr 1534 nach Kanada unternommen hat 51

ZWEITE REISE
Kurzer Bericht und knappe Erzählung der 1535 und
1536 von Kapitän Jacques Cartier durchgeführten
Seereise 85

DRITTE REISE
Kapitän Jacques Cartiers dritte Entdeckungsreise im
Jahre 1540 159
Die Reise des Jean-François de La Rocque de Roberval . . 175

ZEITTAFEL 185
AUSWAHLBIBLIOGRAPHIE 189
ABBILDUNGSNACHWEIS 191

Einleitung

I. Der historische Kontext

Mitte der 1530er Jahre entdeckte der Bretone Jacques Cartier an der nordamerikanischen Küste den Sankt-Lorenz-Golf und fuhr als erster Europäer den Sankt-Lorenz-Strom hinauf und stieß damit bis tief ins Innere des nordamerikanischen Kontinents hinein. Auf insgesamt drei Reisen, über die zum Teil sehr detaillierte Berichte angefertigt wurden, sammelte er Erkenntnisse über Geographie, Fauna und Flora des Landes, die uns heute anders nicht erhältliche Einsichten in dessen damaligen Zustand vermitteln. Wie kam es hierzu?

Um die Gründe und Voraussetzungen für Cartiers Unternehmung zu verstehen, ist es hilfreich, sich einige Gegebenheiten im Europa des ausgehenden 15. Jahrhunderts ins Gedächtnis zu rufen. Unter anderem hatten der Hundertjährige Krieg, die schwarze Pest oder die Flagellanten die Bevölkerung in weiten Strichen traumatisiert. Wirtschaftliche Entwicklung, einsetzende Verstädterung und anderes mehr brachten die Vorahnung mächtiger Staaten und Fürsten.

In Frankreich war ein Aspekt dieser Entwicklung der Kampf zwischen dem Haus Valois und dem Herzogtum Burgund, der schließlich 1477 durch die Eliminierung Karls des Kühnen zum Vorteil der französischen Krone entschieden wurde. In England gingen 1485 die Tudor aus dem Gemetzel der Rosenkriege siegreich hervor; und in Spanien vollendete

Ferdinand von Aragon 1492 die Reconquista mit der endgültigen Vertreibung der letzten Mauren von der iberischen Halbinsel. Die Renaissance hatte nun in Europa freies Feld. Die Wirren jener Jahrzehnte stellten Vieles in Frage. Nationalität wurde ein Unterscheidungsmerkmal. Vorrangstellungen, die bis jetzt unhinterfragt akzeptiert worden waren, wurden nun angefochten. Die Verbreitung des Buches nach der Erfindung des Buchdrucks löste Diskussion aus. Die Kirche konnte ihr Dogma nicht mehr unbestritten vertreten, und schließlich spaltete sich die Christenheit in zwei einander wenig versöhnlich gegenüber stehende Blöcke. Noch einige Jahrzehnte zuvor hatte in strittigen Fragen die Entscheidung Roms genügt; jetzt mussten Erfahrung und Vernunft jene Aussagen beweisen, die seit alters wiederholt worden waren und nicht zuletzt einem christianisierten Aristoteles zugeschrieben wurden.

Die Bourgeoisie suchte sich schließlich durchzusetzen gegenüber einem Adel, dessen Privilegien nicht mehr den geleisteten Diensten entsprachen. Es gelang ihr umso besser, als damals eine außerordentliche wirtschaftlich-geographische Entwicklung stattfand, deren hauptsächliche Nutznießerin sie wurde.

Die Kreuzzüge hatten den Warenverkehr zwischen Europa und Asien anwachsen lassen, sehr zum Profit einiger italienischer Meeresanrainer. Allerdings zog der letztliche Misserfolg der Kreuzzüge dann einen plötzlichen Mangel an den asiatischen Produkten nach sich, an die sich Europa inzwischen gewöhnt hatte. Die Einnahme Konstantinopels 1453 durch die Türken verstärkte diese Knappheit.

Man musste somit einen neuen Weg finden, um zu den fabelhaften Traumländern Cathay (China) und Cipango (Japan) zu gelangen. Als erste Möglichkeit bot es sich an, Afrika zu umschiffen, um nach Indien zu kommen. Portugal lag hierfür am günstigsten. Prinz Heinrich der Seefahrer forcierte die Reihe der Expeditionen nach Süden, die schließlich 1498 zur Ankunft Vascos da Gamas in Calicut an der indischen Malabarküste führten.

Die Suche nach diesem Weg hatte sich als lang erwiesen, und auch dieser selbst erforderte gewaltige Mittel. Bestünde nicht andererseits auch Aussicht auf Erfolg, wenn man sich schlicht nach Westen wandte? Schon Platon hatte im *Timaios* von einem dortigen ehemaligen Kontinent gesprochen. Schreiber wie Ptolemäus oder noch im 15. Jahrhundert der französische Kardinal Pierre d'Ailly in seiner *Imago Mundi* hatten an Land im Westen glauben wollen.

Die Westfahrt der Wikinger um das Jahr 1000 war unter anderen Voraussetzungen erfolgt und Episode geblieben. Ähnlich verhielt es sich auch noch mit den Zügen der Fischer, deren Gegenwart im Sankt-Lorenz-Golf von der Mitte des 15. Jahrhunderts an bezeugt ist. Vor allem aus Frankreich kommend, aber auch aus England, Spanien und Portugal, interessierten sie sich nur für die dortigen reichen Kabeljau- und Lachsvorkommen. Die Fischausbeute war ihr Anliegen, nicht Erkundung des Territoriums oder gar eine Landnahme.

Von diesen früheren Aktivitäten wusste Kolumbus ohnehin kaum etwas oder nichts, als er 1492 in den Bahamas Land betrat. Zwar wurde sein Irrtum zu glauben, in Indien zu sein, allmählich aufgeklärt. Aber seine Entdeckung der Karibik konnte doch als Bestätigung der Existenz eines Westwegs nach Asien verstanden werden, und eine Legion von Abenteurern und Konquistatoren begab sich nach ihm auf die Suche nach dem letzten Abschnitt der Route zu den Ländern der Gewürze, der Seiden und Juwelen. Der Portugiese Ferdinand Magellan setzte 1519 zur Weltumrundung an und fand dabei den Weg um Südamerika herum.

Gleichzeitig erwies sich die von Kolumbus gefundene Region als außerordentlich rentabel für die spanische Entdeckermacht, und vielleicht gab es auch in der westlichen Hemisphäre noch mehr zu entdecken? Da Spanien fortan die Karibik und ihre Umgegend beherrschte, suchten andere europäische Monarchen weiter außerhalb ihre Chance. Konnten Goldländer nicht auch im Norden des amerikanischen Kontinents existieren? Wenn die amerikanische, nun von Florida bis Feuerland erforschte Kontinentalbarriere eine Öffnung im Süden besaß, warum sollte dann im Norden nicht auch eine ähnliche zu finden sein? Sie mochte sich sogar als sehr profitträchtig herausstellen, wenn ihr Kap keine so unendliche Fahrt wie das von Magellan umfahrene erforderte.

Der englische König Heinrich VII., Sieger in den Rosenkriegen, beauftragte daher den Italiener Giovanni Caboto, einen Weg durch den amerikanischen Nordwesten zu finden. 1497 erreichte dieser ein nicht mehr zu bestimmendes Territorium, wohl Neufundland, Labrador oder die Prinz-Eduard-Insel. Eine zweite Reise führte zu keinem uns bekannten Ergebnis. Sich anschließende britische Versuche, dem Glück im Norden Amerikas nachzuspüren, so diejenigen Frobishers, Davis', Hudsons oder Baffins, brauchen uns hier nicht weiter zu interessieren.

Näher kamen andere der dann von Cartier erkundeten Region. Der misslungene Versuch Cabotos ärgerte Portugal, da man in Lissabon glaubte, Anspruch auf das von Caboto bereiste Gebiet zu haben. Im Abkommen von Tordesillas, geschlossen auf Betreiben Papst Alexanders VI., hatte Portugal 1494 alle Ländereien östlich einer etwa am 46. Längengrad (West) verlaufenden Linie zugesprochen bekommen und Spanien die hiervon westlich gelegenen. Nach (geographisch falscher) portugiesischer Auffassung hatte daher Caboto mit seinen Reisen portugiesische Belange gefährdet. Um auf

I. Der historische Kontext

jeden Fall zu retten, was zu retten war, segelten daher 1500 und 1501 die portugiesischen Brüder Gaspar und Miguel Corte Real über den Atlantik und fuhren an Labrador, Neufundland und Neuschottland entlang. Sie kamen allerdings nicht mehr zurück. Ein anderer Portugiese, João Álvares Fagundes, unternahm 1520-1521 verschiedene Expeditionen nach Neufundland und Neuschottland, hinterließ dabei aber keine bleibenden Spuren. Nach diesen Misserfolgen konzentrierte sich Portugal auf seine Interessen anderwärts.

Die Entwicklung der spanischen Kolonien und ebenso die von Magellan gefundene Route faszinierten auch den französischen König Franz I. 1524 segelte der Italiener Giovanni da Verrazano in französischem Auftrag die Atlantikküste von North Carolina bis Neuschottland und Neufundland entlang, um eine Route in Richtung Pazifik zu finden. Erfolg hatte er hierin nicht, aber er ergänzte immerhin die geographische Kenntnis der befahrenen Küsten. Franz I. war danach mehr denn je überzeugt, dass eine Durchfahrt nach Westen existieren müsse.

Franz' I. Missgeschick bei Pavia 1525 und die anschließende Gefangenschaft in Madrid hinderten ihn zunächst, seine Idee weiter zu verfolgen. Auch galt es vorerst noch, das durch den Vertrag von Tordesillas aufgeworfene Problem zu klären. Rechtlich fühlte sich der französische König durch denselben zwar nicht gebunden, aber angesichts der spanischen Macht erschien es ihm doch ratsam, hier Klarheit zu schaffen. Die Gelegenheit kam schließlich im Oktober 1533, als Papst Clemens VII. bei einem Besuch in Marseille versicherte, dass die in Tordesillas getroffene Regelung nur die damals schon bekannten Kontinente beträfe und nicht die später von anderen Mächten noch entdeckten. Solchermaßen abgesichert konnte die inzwischen angepeilte nächste Expedition nach Übersee ohne Bedenken unternommen werden.

II. Jacques Cartier

Der Entschluss des französischen Hofes zu einer weiteren Erkundungsreise nach Nordamerika reifte ab 1532, zumal man zuversichtlich sein konnte, mit dem Bretonen Jacques Cartier einen brauchbaren Expeditionsleiter gefunden zu haben. Heute ist über dessen Leben von seiner Geburt bis zum Antritt seiner ersten hier vorgestellten Reise im Jahre 1534 nicht mehr viel bekannt. Geboren wurde er in Saint-Malo, einer wohlhabenden Hafenstadt an der Kanalküste der Bretagne. Jahrhundertelang hatten Fischfang, Schiffsbau und auch Piraterie zum Aufschwung der Stadt beigetragen. Seefahrt lag ihren Söhnen im Blut. Cartiers Taufakte ist nicht auf uns gekommen, und im Register der Stadt Saint-Malo fehlen die Angaben von 1472 bis 1494. Manche Indizien deuten jedoch auf 1491 als sein Geburtsjahr hin. Während seiner Jugend, so ist wohl anzunehmen, absolvierte er, wie weithin üblich in seiner Heimatstadt, eine Lehre als Schiffsjunge und Matrose.

Anfang April 1520 jedenfalls heiratete Cartier die junge Catherine des Granches, eine Tochter aus vornehmer Familie, was seine gesellschaftliche Stellung beträchtlich gehoben haben muss. Mancherlei Zeugnisse finden sich für Cartiers Bemühen daraufhin, seine Geltung in seiner Umgebung zu pflegen und zu mehren. Er fungierte vielfach als Pate, war Mitglied der distinguierten Confrérie de Saint-Jean-Baptiste und interessierte sich für Rechtsfragen, weshalb er häufig als Zeuge oder Geschworener vor Gericht erschien.

II. Jacques Cartier

Kein Dokument informiert uns über Cartiers Werdegang zum Schiffskapitän. Doch er muss eine entsprechende Ausbildung genossen haben, denn sonst hätte man ihn nicht 1534 mit der Leitung der Nordamerikaexpedition betraut. Gelegentlich trifft man auf die Annahme, dass er an den Expeditionen Verrazanos teilgenommen hat, als dieser in den 1520er Jahren die Ostküste Nordamerikas abfuhr. Als Hinweis hierauf könnte dienen, dass man den Aufenthalt Cartiers während der Reisen Verrazanos nicht kennt und auch, dass er auf seinen eigenen Erkundungsfahrten dort ankam in Nordamerika, wo Verrazanos Reisen endeten. Doch dies sind reine Spekulationen. Cartier kann sich in den 1520er Jahren durchaus auch leicht irgendwo anders aufgehalten haben. Außerdem hatte Verrazano seine Heimatbasis in Dieppe in der Normandie, und es fällt schwer anzunehmen, dass sich der Bretone Cartier damals in die Dienste normannischer Reeder begeben hätte. Und weder wird Verrazano in den Berichten über Cartiers Reisen erwähnt, noch taucht der Name des letzteren in den Verlautbarungen des ersteren auf.

Mehrere Historiker vertreten die Ansicht, dass Cartier in den 1520er Jahren vermutlich auf einem der Fischerboote nach Neufundland fuhr, da die Bänke um die Insel ja schon seit Jahrzehnten von baskischen und bretonischen Kabeljaufischern besucht wurden. Manche meinen auch, dass er möglicherweise an einer der Explorationsreisen an die brasilianische Küste teilnahm, finden sich doch in den Berichten über seine Reisen Vergleiche mit den Indianern Neufrankreichs und Brasiliens; und er beherrschte zumindest einigermaßen das Portugiesische, denn nachdem er sich zur Ruhe setzte, agierte er bei mehreren Gelegenheiten als Dolmetscher.

Wie immer er auch seine seefahrerische Expertise erworben hatte, anfangs der 1530er Jahre muss Cartier einen soliden

Ruf als gut ausgebildeter und fähiger Schiffsführer genossen haben. Als solchen stellte ihn 1532 Jean Le Veneur, Abt des Benediktinerklosters Mont Saint-Michel und Bischof von Lisieux, dem französischen König Franz I. bei dessen Pilgerbesuch in dem Kloster vor und pries ihn als einen Mann, der zur Leitung einer Expedition zur Erkundung von Ländern in der Neuen Welt befähigt sei. Der künftige Kardinal bot sogar an, notfalls selbst einen Teil der Mittel bereitzustellen. Dass dieses Vertrauen gerechtfertigt war, bewies Cartier in der Folge sichtbar genug. Er wusste seine Schiffe adäquat auszurüsten, segelte monatelang ohne Schaden für dieselben in bekannten und unerforschten Gewässern, und er besuchte dabei als erster über drei Dutzend hafenartige Buchten mit möglicherweise unbekannten Klippen und Untiefen.

III. Die Reisen

Erste Reise

Franz I. zeigte sich jedenfalls willens, Cartier mit der geplanten Reise zu beauftragen. Das Dokument mit dem entsprechenden Text wurde bisher nicht aufgefunden, aber eine erhaltene Order des Königs aus dem März 1534 klärt auf über den Sinn des Unternehmens. Es gelte, heißt es darin, „zu entdecken gewisse Inseln und Länder, von denen gesagt wird, dass man dort große Quantität von Gold und anderen wertvollen Dingen findet". Im Bericht über die zweite Reise ist später noch von einem weiteren Zweck die Rede: Man bemühte sich, eine Route nach Asien ausfindig zu machen. Ob darüber hinaus auch noch der Missionsgedanke eine Rolle spielte, wie manchmal angenommen wird, lässt sich weder belegen noch verneinen. Ein Indiz, dass solches zumindest nicht im Vordergrund stand, kann aber wohl darin gesehen werden, dass die Schiffsbesatzungen augenscheinlich keine Priester zählten.

Cartier stach von Saint-Malo aus am 20. April 1534 mit zwei Schiffen und 61 Mann in See. Gutes Wetter verhalf zu einer kurzen Überquerung des Atlantik, und schon nach 20 Tagen befand man sich vor Neufundland. Die Fahrt der Küste entlang nach Norden führte an bereits bekannten, mit Namen versehenen Plätzen vorbei. Dann segelte Cartier durch die Meerenge von Belle-Isle in den Sankt-Lorenz-Golf. Nach etwa 15 Kilometern kam er zu dem Brest genannten

Hafen, wo sich sommers die Kabeljaufischer mit Wasser und Holz bevorrateten. Weitere 150 Kilometer westlich der Belle-Isle traf er auf ein Schiff aus La Rochelle, das sich verirrt hatte und dem er den Weg in den Atlantik zeigen konnte. Bis dahin war Cartiers Expedition noch nicht in unbekanntem Gebiet angekommen. Doch er vergab bereits freizügig Namen an prominente geographische Punkte, von denen heute noch der eine oder andere Bestand hat, so etwa der des Hafens Saint-Antoine (Saint Anthony) oder später diejenigen der Île de Brion oder des Cap du Dauphin. Für die felsige, unfruchtbare Gegend, die er nun sah, hatte der Bretone nur souveräne Missachtung übrig. Sie erschien ihm als „das Land, das Gott Kain gegeben hat".

Vom 15. Juni an fuhren die zwei Schiffe in unbekannte Gewässer ein und folgten nun der Westküste Neufundlands nach Süden. Hierbei fanden sie nicht viel von Interesse außer Fische im Überfluss: In weniger als einer Stunde zog eine der Schiffsbesatzungen mehr als hundert Kabeljaue an Bord. In der Gegend der Meerenge zwischen Neufundland und der Prinz-Eduard-Insel, heute Cabot-Straße genannt, erahnte Cartier, dass dies eine Durchfahrt zum Atlantik war. Doch er verfolgte diesen Gedanken nicht weiter, sondern drehte nun vielmehr nach Westen.

Die Fahrtrichtung nun dem Zufall überlassend, traf Cartier auf Inseln, deren Vegetation er im Vergleich mit derjenigen auf Neufundland recht üppig fand. Auf der eben genannten Île de Brion errichtete er möglicherweise ein Kreuz, und am 26. Juni erreichte er die Magdalenen-Inseln, hielt sie allerdings irrtümlicherweise für den Beginn des Festlandes. Drei Tage später tauchte ein anderes Land am Horizont auf, das sich bei näherer Inspektion offensichtlich „besten Klimas ... und großer Wärme" erfreute. Es war die Prinz-Eduard-Insel; ihr Inselcharakter blieb ihm allerdings verborgen.

III. Die Reisen

Bei der Weiterfahrt öffneten sich Buchten, die anfangs eine Möglichkeit für ein Durchstoßen nach Asien erwarten ließen. Sie verengten sich jedoch bald und schlossen sich endlich vor den Hineinfahrenden. Paradebeispiel hierfür war die Chaleur-Bucht, deren Südspitze Cartier den Namen Cap d'Espérance verlieh „in der Hoffnung, dass wir dort die Passage finden". Fünf Tage lang, vom 4. bis zum 9. Juli, fuhr man die Küste methodisch ab, nur um letzten Endes die Vergeblichkeit dieser Bemühung einsehen zu müssen.

Aber schließlich ereignete sich Verwertbares. Man nahm Verbindung auf zu einer Gruppe von Ureinwohnern, was sich auf die Dauer als durchaus nützlich erwies. Es waren nicht die ersten Indianer, die Cartier und seine Mannschaft zu Gesicht bekamen. Am 12. oder 13. Juni hatten sie im „Land Kains" einige erblickt. Etliche „mit Tierfellen bedeckte Wilde" waren aus dem Inneren Neufundlands gekommen, um an der Küste zu fischen; es handelte sich wohl um Angehörige des inzwischen verschwundenen Algonkin-Volks der Beothuk. Anderen Indianern, vermutlich Micmac, war man an der Küste der Prinz-Eduard-Insel begegnet. In keinem Falle zeigten sich die Indianer sehr erstaunt über das Auftauchen der Weißen. Begegnungen mit Europäern waren ihnen offensichtlich nichts Neues. Hierauf deutete auch ihre willige Bereitschaft hin, Pelze und Lebensmittel gegen europäische Gegenstände einzutauschen.

Im Juli kam es zu einer noch wesentlich folgenreicheren Begegnung. Bei der Gaspé-Halbinsel traf man auf Irokesen, die in großer Zahl von ihren stromaufwärts gelegenen Wohngebieten gekommen waren, um hier ihrem Jahresfischfang nachzugehen. Wohl zweihundert Indianer fuhren in vierzig Kanus an die in der Gaspé-Bucht ankernden französischen Schiffe heran. Sie akzeptierten freudig kleine Geschenke, und bei Tänzen und ausgelassener Stimmung schloss man eine Art Allianz. Am 24. Juli ließ Cartier daraufhin seine Mannschaft nahe der Ostspitze der Gaspé-Halbinsel ein fast zehn Meter hohes Holzkreuz aufrichten und mit dem Wappen des Königreichs Frankreich versehen. Kreuze, die er früher hatte aufstellen lassen, waren hauptsächlich als Orientierungspunkte gedacht gewesen. Nun aber war das Kreuz höher und bedeutungsvoller, wie auch die feierliche Einweihung erkennen ließ. Sie bedeutete die Besitznahme des Landes im Namen des französischen Königs. Die Irokesen schienen die Dreistigkeit dieses Vorgehens zu erahnen. Sie protestierten, woraufhin Cartier sie mit der Versicherung zu beruhigen bemühte, dass es sich auch hier nur um die Aufstellung einer Orientierungsmarkierung handele.

Cartier trieb seine Unverfrorenheit sogar noch weiter. Mit einem Trick brachte er den Häuptling Donnacona dazu, an Bord des Schiffes zu steigen. Dort überredete er ihn, ihm seine beiden Söhne nach Frankreich mitzugeben, damit sie zu Dolmetschern ausgebildet werden konnten. Dies gelang. In gutem Einvernehmen schied man danach voneinander, und die Schiffe verließen am 25. Juli die Bucht.

Die französischen Schiffe hätten nun nach Westen drehen können, was ihnen die Entdeckung des Sankt-Lorenz-Stromes beschert hätte. Doch Cartier vermutete, dass der Raum zwischen der Gaspésie und der Anticosti-Insel nur eine weitere Bucht darstellt und wandte sich deshalb wieder nach Osten. Er fuhr um die Südspitze von Anticosti herum, das er für eine Halbinsel hielt, und dann entlang des Nordufers. Noch einmal war er ganz nahe der Entdeckung des Stromes, doch schlechtes Wetter nahm ihm Mut und Laune. So wendete er vor dem Ende der Insel nach Norden und folgte dann der Küste Labradors ostwärts. Nach einer Begegnung mit Montagnais-Indianern fuhr er schließlich wieder auf Neufundland zu und begann von dort am 15. August die Rückreise.

III. Die Reisen

Cartier hatte als erster Europäer die Küsten des Sankt-Lorenz-Golfs abgefahren. Es ist natürlich möglich, dass Caboto, einer oder beide der Brüder Corte-Real oder Fagundes den Golf sahen. Aber dokumentarische Hinweise hierauf haben sich nicht erhalten. Cartier jedoch zeichnete die Karte des Golfs und sah Teile des Hinterlands. Sicherlich blieben seine geographischen Kenntnisse beschränkt: Er erkannte die Möglichkeit der Durchfahrt zwischen Neufundland und der Cap-Breton-Insel nicht; er hielt die Magdalenen-Inseln für das Festland; und er nahm den aus dem Inneren kommenden Sankt-Lorenz-Strom nicht wahr. Für ihn besaß der Golf nur einen einzigen sicheren Ausgang, nämlich die Enge zwischen Neufundland und Labrador bei Belle-Isle, und möglicherweise einen anderen nördlich der Anticosti-Insel. Letzteren zu prüfen hatte er jedoch nicht die Muße gefunden.

Aber trotz solcher Einschränkungen konnte man insgesamt von gutem Erfolg sprechen. Die Entdeckung des Golfes, der Beginn der Erkundung eines neuen Landes, eine Art Allianz mit den aus dem westlichen Inneren kommenden Ureinwohnern, die künftige Hilfe durch zwei kommende Dolmetscher – all dies rechtfertigte offensichtlich eine weitere Expedition, und dies, obwohl Cartier noch gar keine edlen Metalle oder Mineralien gefunden hatte. Am 5. September 1534 nach Saint-Malo zurückgekehrt, erhielt er deshalb schon am 30. Oktober einen neuen Explorationsauftrag, um seine Entdeckung zu gutem Ende zu führen.

Jacques Cartiers erste Expedition 1534
(1491–1557)

(KANADA)

West Pt.
Isle de l'Assur
(Ant...

Honguedo

Perce Mt.
Trocadigash Pt.

Tadoussac

Stadacona
(Quebec)

Achelacy
(Portneuf)

ST.-LAWRENCE-STROM

Hochelaga
(Montreal)

NEW BRUNSWICK

C...
d'Esp...

C...
Sa...

Prince Edward
Island

NEU-
SCHOTTLAND

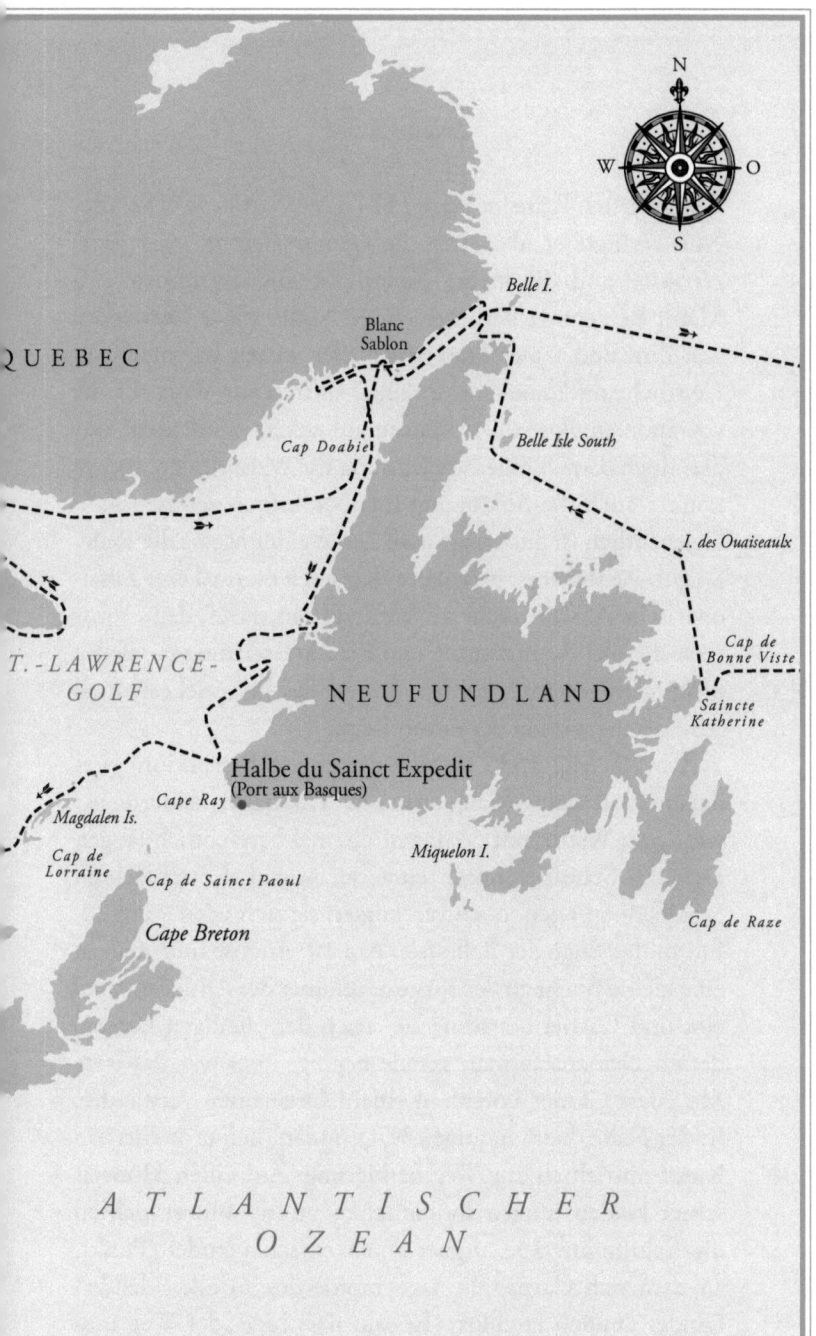

Zweite Reise

Bei der ersten Reise im Jahre 1534 hatte Cartier zwei Schiffe. Nun verfügte er über drei, die *Grande Hermine,* die *Petite Hermine* und die kleine Émerillon, mit zusammen 110 Mann Besatzung, darunter einige Noble sowie Verwandte von ihm und seiner Frau. Auch hier wissen wir nicht, ob Geistliche mitkamen; das zweimal auftretende Wort »Dom« vor anderen Vornamen könnte auf solche hindeuten, war dies doch damals eine Bezeichnung für Weltpriester; aber es könnte auch die Abkürzung für Dominique gewesen sein. Gelegentlich ist auch vage vom Lesen einer Messe die Rede. So gut wie sicher ist jedenfalls, dass auch diesmal eine missionarische Absicht nicht im Vordergrund stand, denn sonst wäre dies bei Beauftragung und Berichterstattung zweifellos prominent erwähnt worden. So war das Reiseziel essentiell das Gleiche wie bei der ersten Reise.

Am 19. Mai 1535 startete die zweite Expedition, wiederum von Saint-Malo aus. Die Überfahrt dauerte bei widrigem Wetter mit 50 Tagen diesmal beträchtlich länger. Die drei Schiffe verloren einander wegen der schlechten Segelbedingungen, doch vereinigten sie sich wieder am 26. Juli in der Enge der Belle-Isle. Am 10. August fuhr man in eine kleine Bucht an der Küste gegenüber der Anticosti-Insel ein, und Cartier benannte sie nach dem heiligen Lorenz, dessen Namenstag man gerade beging. Dies war das erste Mal, dass Cartier Lorenz in einem Ortsnamen verwandte. In der Nähe, beim heutigen Natashquan, ließ er wieder ein Kreuz aufrichten zur Wegmarkierung. Auf einen Hinweis seiner beiden jungen indianischen Führer hin erreichten die Schiffe am 15. August einen entscheidenden Punkt, an dem sich Cartier die Geographie des zu erkundenden Landes endlich erschloss. Er sah, dass hier „der Weg und

III. Die Reisen

der Beginn des großen Stroms von Hochelaga und der Weg nach Kanada" waren. Die Franzosen fuhren nun in den Sankt-Lorenz-Strom ein. Die Ufer kamen einander näher, und das bisher salzige Wasser wurde allmählich süß. Wie die Urbewohner sagten, strömte es von so weit her, dass nach aller Erinnerung noch kein Mensch seine Quelle jemals gesehen hatte. Cartier erkannte hier nun endlich die Passage nach Westen, die er so lange gesucht hatte.

Stromaufwärts fahrend, bemerkten die Franzosen zur Rechten einen tiefen und rasch in den Sankt-Lorenz strömenden Fluss, den Saguenay. Dieser war nach Aussage der jungen indianischen Führer der Weg zum Königreich Saguenay, wo Kupfer und, wie Donnacona später flunkerte, noch ganz andere wundervolle Dinge zu finden seien. Am 7. September erreichten die Schiffe die Inselgruppe mit der Hauptinsel d'Orléans, was, wie man Cartier bedeutete, „der Beginn des Landes Kanada" war. Schiffsbesatzung und Indianer feierten, und Cartier wählte als Ankerplatz eine Stelle aufwärts der Mündung des Flusses Sainte-Croix (des heutigen Saint-Charles). Gegenüber erhob sich das Kap Stadacona, an dessen Fuß Donnaconas Ortschaft Stadacona am Wasser lag (und sich heute die Altstadt von Quebec City befindet).

Nach dem Wiedersehensgelage mit den Indianern wollte Cartier sich den Sankt-Lorenz-Strom hinauf zum vielgepriesenen Hochelaga begeben, aber man ließ ihn nicht ohne weiteres abreisen. Ganz offensichtlich wollte Donnacona das Monopol des sich allmählich entwickelnden Handels für Stadacona sichern und dadurch Hochelagas Einfluss drosseln. Die Franzosen wurden beschenkt, und man inszenierte allerhand Zauberei. Doch Cartier fuhr unbeeindruckt am 19. September mit einem Teil seiner Mannschaft auf der kleinen Émerillon weiter stromaufwärts, bis sich die Was-

Karte von Hochelaga aus dem Jahre 1556

LA TERRA DE HOCHELAGA NELLA NOVA FRANCIA.

- A. Porta della Terra Hochelaga.
- B. Strada principale, che va alla piazza.
- C. Piazza.
- D. Casa del Re Agouhana.
- E. La chorte della casa del Re, & il suo fuoco.
- F. Vna delle dieci strade della città.
- G. Vna delle case priuate.
- H. Corte con il fuoco, doue se cucina.
- I. Spacio tra le case, & la città, doue si puo andare attorno.
- K. L'ordimento, che tiene le tauole della cinta della città, che è fatta in luogo di mure.
- L. Tauoloni congionti di fuora dalla città.
- M. Spacio di fuora a l circuito della città.
- N. Tauole congiunte di dentro via il circuito della città.
- O. Corridor doue stanno gli huomini per diffesa della città.
- P. Parapetto doue stanno gli huomini alla diffesa.
- Q. El vacuo che è tra vna tauola, & l'altra, doue è lo'ordimēto che tien le tauole.
- R. Indiani, e Indiane, & putti che sono di fuori della città p vedere li Francesi.
- S. Francesi che entrorno nella città, & che toccano la mano alli Indiani, che erano di fuori della città appresso al fuoco, & si fanno carezze.
- T. La scala che va sul corridor.

serfläche meilenweit zu einem See (heute Lac-Saint-Pierre) verbreiterte. Das Wasser wurde seicht, und man musste in die Boote umsteigen. Etwa 30 Leute kamen am 2. Oktober in Hochelaga an.

Man weiß heute nicht mehr, wo sich der Ort genau befand (vermutlich nahe der Altstadt des heutigen Montreal). Jedenfalls umschloss eine hölzerne Palisade etwa fünfzig im irokesischen Stil errichtete Langhäuser. Mit vielleicht 1500 Bewohnern war die Ansiedlung beträchtlich größer als Stadacona. Dahinter ragte ein über zweihundert Meter hoher Berg empor, den Cartier zu Ehren seines Königs Mont-Royal nannte. Der Empfang durch die Indianer war freudig-ausgelassen und endete gar in einer Art religiöser Zeremonie, als man den weißen Kapitän bat, die herbeigeschafften Kranken zu heilen. Dies vermochte er allerdings nicht. Er fuhr vielmehr weiter, bis ihm Stromschnellen den Zugang zu Gold, Silber und Kupfer des Reiches Saguenay verwehrten. Ohne Aussicht auf ein Weiterkommen verließ Cartier am nächsten Tag Hochelaga.

Als die Ausflügler am 11. Oktober nach Stadacona zurückkehrten, waren die dort Verbliebenen dabei, Befestigungen zu bauen. Zwar gaben sich die Ureinwohner nach außen hin freundlich, aber den Dolmetschern zuzuschreibende Intrigen führten bald zu einem Bruch der Beziehungen. Bei gegenseitigem Misstrauen wurden diese erst im November wieder einigermaßen gekittet.

Dann begann der Winter. Es war der erste kanadische Winter, den die Europäer erlebten. Von Mitte November bis Mitte April waren die Schiffe im Eis gefangen; der Schnee erreichte eineinhalb Meter Höhe; der Sankt-Lorenz-Strom fror bis Hochelaga hinauf zu. Und es kam noch schlimmer. Im Dezember wurden die ersten Eingeborenen in Stadacona von Skorbut befallen. Den Franzosen nützte

Cartier mit Chef der Irokesen, Detail S. 26

die sogleich eingeführte Abschottung nichts. Mitte Februar befanden sich von den 110 Mann nur noch zehn bei guter Gesundheit; acht waren schon gestorben und 25 weitere folgten. Cartier und seine Leute zogen in Prozession vor ein Bild der Jungfrau Maria und versprachen, nach Roc-Amadour zu pilgern. Eine Wirkung blieb nicht aus. Einer der Dolmetscher verriet Cartier das Geheimnis eines indianischen Heiltrunks. Der Aufguss einer Nadelholzrinde, vermutlich der weißen Zeder, brachte daraufhin für die Meisten schnelle Besserung.

Bei seinen Erkundungen befleißigte sich Cartier, seine Kenntnisse im Kontakt mit den Ureinwohnern zu erweitern. Wir verdanken ihm Bemerkungen über die Religion und die Sitten der Indianer, die entlang des Sankt-Lorenz lebten. Und er übermittelte brauchbare geographische Einsichten. Der Fluss Richelieu, damals noch ohne Namen, schien ihm aus Florida zu kommen; der Sankt-Lorenz-Strom war mindestens drei Monate im Jahr für die Schifffahrt offen; im Norden von Hochelaga führte ein großer Fluss (der Ottawa) zu großen Seen und einem Süßwassermeer; breite Wasserstraßen bewiesen, dass die Kontinenatalbarriere wesentlich ausgedehnter war, als man bisher angenommen hatte. Hinsichtlich des fabelhaften Saguenay notierte Cartier alle die Wunder, die man ihm beschrieb.

Bei Ankunft des Frühlings bereitete Cartier die Rückkehr nach Frankreich vor. Da es an Mannschaft mangelte, musste die *Petite Hermine* aufgegeben werden. (1842 fand man bei Quebec einige Holzreste und sandte einen Teil davon nach Saint-Malo, da man annahm, dass sie von Cartiers Schiff stammten; doch dies ist nie bewiesen worden.)

Vor der Abfahrt wollte Cartier die französische Stellung im Tal des Sankt-Lorenz-Stromes stärken. Als hinderlich erwies sich hierbei allerdings das sich seit Monaten verschlechternde

Verhältnis zu Donnacona und seinen Söhnen. Nun erfuhr Cartier aber vom Emporkommen eines Rivalen Donnaconas namens Agona und fasste den Plan, die revolutionäre Situation zu nutzen. Bei einer religiösen Zeremonie – der Aufrichtung eines weiteren Kreuzes – nutzte er die Gelegenheit, Donnacona, seine zwei Söhne und einige weitere Indianer ergreifen zu lassen. Die sich empörende Menge beruhigte er mit dem Versprechen, die Festgesetzten binnen Jahresfrist zurückzubringen und dies zusammen mit vielen Geschenken seines Königs.

Mit zwei Schiffen verließ Cartier am 5. oder 6. Mai den Hafen Sainte-Croix (Saint-Charles), an Bord ein knappes Dutzend Irokesen und Pelze. Zwischen der Anticosti-Insel und der Gaspé-Halbinsel hindurch fahrend, stellte er nun doch fest, dass die Magdalenen Inseln sind, und entdeckte anschließend die Durchfahrt zwischen Neufundland und der Cap-Breton-Insel, die er 1534 übersehen hatte. Am 16. Juli traf er in Saint-Malo ein, nach einer Abwesenheit von 14 Monaten.

Die Kunde vom Strom und dem sagenhaften Reichtum Saguenays begeisterte König Franz I., der Cartier die *Grande Hermine* zum Geschenk machte. Die zweite Reise war jedenfalls erfolgreicher als die erste. Cartier entdeckte einen Strom, der zum Eindringen in das Innere des Landes einlud; er fand einen neuen Zugang zum Golf; er lernte Bewohner des Golfes kennen; und er kam mit einem Häuptling zurück, der sich rühmte, das reiche Land Saguenay besucht zu haben, und willig darüber Auskunft gab.

Jacques Cartiers zweite Reise 1535/36
(1491–1557)

(KANADA)

West Pt.

Honguedo

Tadoussac

Perce Mt.

Trocadigash Pt.

C d'Esp

Stadacona (Quebec)

Achelacy (Portneuf)

ST.-LAWRENCE-STROM

C Sa

NEW BRUNSWICK

Prince Ed Islan

Hochelaga (Montreal)

NEU-SCHOTTLA

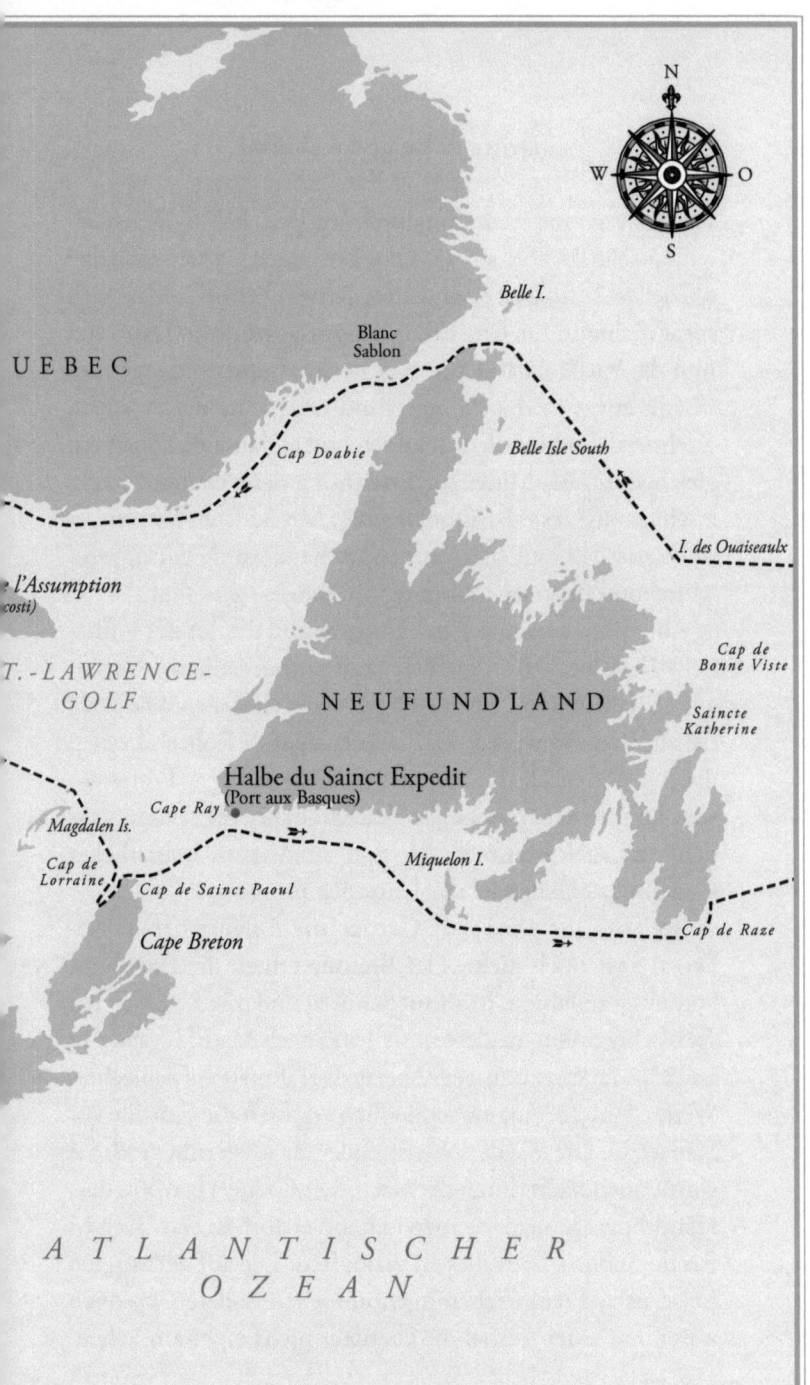

Dritte Reise und Roberval

Franz I. war zwar weiterhin durch europäische Angelegenheiten beschäftigt, aber am 17. Oktober erhielt Cartier doch den offiziellen Auftrag zu einer dritten Reise. Diesmal sollte es sich sogar nicht nur um eine Erkundungstour handeln. Dabei trat nun die Suche nach der immer noch erhofften Passage zum Pazifik etwas in den Hintergrund angesichts der Aussicht, Edelmetall und Juwelen zu finden und es damit den Spaniern gleichzutun. Als Mittel zur Erreichung des letzteren Zwecks erschien eine feste Basis notwendig. Mit anderen Worten, es sollte gesiedelt werden. Dementsprechend wurde Vorsorge für Mittel und Personal – darunter Sträflinge – getroffen.

Allerdings bestimmte der Umfang und die Art des Vorhabens (Landbesitz!) Franz I. jetzt, dem bürgerlichen Cartier am 15. Januar 1541 einen Adligen voran zu stellen. Die Wahl fiel auf Jean-François de La Rocque, Sieur de Roberval, einen der Jugendfreunde des Monarchen. Dass Roberval Protestant war, konnte allein schon als Zeichen dafür verstanden werden, dass auch jetzt nicht Mission, sondern wirtschaftlicher Gewinn das Hauptziel der Unternehmung war.

Im Frühjahr 1541 war Cartier zur Abfahrt bereit, Roberval aber noch nicht. Der Bretone erhielt die Erlaubnis, vorneweg zu fahren. Mit fünf Schiffen und 376 Leuten – ein spanischer Spion meldete sogar 1500 nach Madrid – stach er am 23. Mai erneut in See. Abermals traf man auf schlechtes Wetter. Am 23. August schließlich erschien die Flottille vor Stadacona. Die Wiedersehensfreude war wiederum groß. Sie wurde auch nicht durch die Nachricht Cartiers getrübt, dass Häuptling Donnacona inzwischen verstorben war. Dessen Rivale Agona schien dies zu verkraften. Die auf der vorigen Reise nach Frankreich mitgenommenen anderen Irokesen waren mit einer Ausnahme ebenfalls nicht mehr am Leben.

III. Die Reisen

Cartier behauptete wahrheitswidrig, dass sie in Frankreich ein Herrendasein führten, und man gab sich damit zufrieden.

Es zeigte sich allerdings, dass allmählich das alte Misstrauen zurückkehrte. Cartier gab deshalb den Ankerplatz am Saint-Croix-Fluss auf und wählte für den weiteren Aufenthalt einen Ort an der westlichen Extremität des Cap-Rouge. Hier wuchs zum einen die weiße Zeder, die man gegen den Skorbut würde brauchen können, und zum anderen fanden sich dort scheinbar Diamanten und Blätter feinen Goldes. Die Franzosen gründeten hoffnungsvoll ihre Siedlung und gaben ihr den Namen Charlesbourg-Royal.

Am 2. September schickte Cartier zwei seiner Schiffe nach Frankreich zurück, damit sie dort Kunde vom Fortschritt der Unternehmung bringen konnten; auch streckte dies seine Vorräte. Am 7. September fuhr er, eine Besatzung der Kolonie zurücklassend, weiter nach Hochelaga. Er beabsichtigte, die stromaufwärts gelegenen Stromschnellen zu inspizieren, um sie im nächsten Frühjahr dann überwinden zu können. Doch da er keine Dolmetscher hatte, erfuhr er nichts Sachdienliches und drehte bald wieder um.

Bei der Rückkehr nach Charlesbourg-Royal wurde deutlich, dass sich das Verhältnis zu den Indianern weiter verschlechtert hatte. Die Franzosen setzten sich in Verteidigungsbereitschaft. Der uns bekannte Bericht über die Reise endet hier. So wissen wir nicht, wie der Winter verlief. Es gibt Anzeichen, dass der Skorbut wieder ausbrach, den man allerdings dank des Zedern-Heilmittels leicht überwand. Auch kam es offenbar zu Feindseligkeiten mit den Ureinwohnern. Jedenfalls hob Cartier im Juni 1542 das Lager auf und begann die Rückfahrt nach Frankreich.

Roberval hatte sich bis zu diesem Zeitpunkt noch nicht gezeigt. Doch als Cartiers Flottille im Hafen der heutigen Stadt St. John's an der Ostküste Neufundlands erschien, lag dort Roberval vor Anker, um seine Vorräte aufzufüllen. Er war am 16. April 1542 endlich mit drei Schiffen von La Rochelle aus aufgebrochen und hatte Neufundland am 7. Juni erreicht. Auf seine militärische Macht vertrauend, befahl er jetzt Cartier umzukehren. Letzterer aber war der Meinung, inzwischen genügend kanadische Erfahrungen gesammelt zu haben; auch wollte er wohl dem König Diamanten und Golderz, die er glaubte an Bord zu haben, möglichst bald präsentieren; und vermutlich hatte er es zuvor ohnehin übel vermerkt, dass ihm Roberval übergeordnet worden war. Jedenfalls schlüpfte er nun mit seinen Schiffen nachts aus dem Hafen. In Frankreich erwiesen sich allerdings die Mineralien in seinen Fässern als wertloses Eisenpyrit beziehungsweise Quarz, und der Traum einer französischen Gold- und Juwelenkolonie fand damit ein ungloriöses Ende.

Cartier unternahm nach seiner Rückkehr und der Enttäuschung hinsichtlich seiner Erzfunde keine Explorationsbemühungen mehr. Den Rest seines Lebens verbrachte er wohlgeachtet in seiner Heimat und starb dort 66jährig, vermutlich während einer Epidemie, im Jahre 1557.

Roberval seinerseits scheiterte in Nordamerika völlig glanzlos. Der Rest seiner Reise nach der Abfahrt Cartiers hatte nur noch epigonenhaften Charakter. Auf seine eigenen Fähigkeiten angewiesen, fuhr er den Sankt-Lorenz-Strom hinauf und ließ sich am Platz von Charlesbourg-Royal nieder, das er zu Ehren seines Königs in France-Roy umbenannte. Der Winter wurde schwierig, da wiederum Kälte, Hunger und der Skorbut den Europäern zusetzten. Im Frühling suchte Roberval die Passage zum Pazifik, und einer seiner Leute fuhr dabei den Ottawa-Fluss ein Stück weit hinauf. Doch setzte dann wieder der Winter ein. Im September 1543 entschloss sich Roberval enttäuscht zur Rückkehr nach Frankreich. Finanziell ruiniert wurde er 1560 eines der ersten Opfer der französischen Religionskriege.

IV. Schlussgedanken

Jacques Cartiers Reisen sind einzuordnen in die Welle von Erkundungsfahrten, die von den 1480er Jahren an von Europa aus nach Übersee unternommen wurden. An dieser Bewegung teilzuhaben, erschien den sich entwickelnden europäischen Flächenstaaten nicht nur wegen der hoffentlich direkt greifbaren Profite opportun, sondern konnte in der Folge auch weitere Vorteile bringen, etwa durch Auffinden des Seeweges nach Ostasien oder auch durch Koloniebildung in Nordamerika. Wie weiter oben angesprochen, versuchten Portugiesen, Briten und Franzosen, es den sich in der Karibik niederlassenden Spaniern gleich zu tun. Um die spanische Eifersucht nicht über Gebühr auf sich zu ziehen, mussten sie sich allerdings auf die noch unerforschten Gebiete weiter im Norden des neu entdeckten Kontinents konzentrieren.

Der bedeutendste Abgesandte Frankreichs bei dieser frühneuzeitlichen Bemühung war Jacques Cartier. Was war nun, auf's Ganze gesehen, das Ergebnis seiner drei Reisen zwischen 1534 und 1542? Von großem Wert war zweifelsohne seine Erkundung des hinter dem schon bekannten Neufundland liegenden Sankt-Lorenz-Golfes. Seine Fahrt den Sankt-Lorenz-Strom hinauf bis in die Gegend des heutigen Montreal zeigte den Weg auf zur Penetration des nordamerikanischen Kontinents, die von keiner anderen Stelle der Atlantikküste aus besser erfolgen konnte. Dementsprechend vollzog sich dann auch von hier aus im folgenden Jahrhundert die Ausbreitung Neufrankreichs. Cartier seinerseits leistete, den gegebenen Umständen gemäß, saubere Arbeit. Er fuhr die erreichbaren, gelegentlich sehr zerklüfteten Küsten- und Uferstriche ab, so gut es machbar war, zeichnete penibel die geographischen Gegebenheiten auf und erfasste sie kartographisch. Zur besseren Bestimmung vergab er dabei Namen nach links und rechts, die, wie schon erwähnt, teilweise bis in die Gegenwart Bestand haben. Interessanterweise verwandte er dabei oft europäische Bezeichnungen, was wohl als eine Art geistiger Vereinnahmung zu interpretieren ist.

Natürlich spielte hierbei sicher auch das Bedürfnis eine Rolle, diese bisher unbekannte Welt zu begreifen. Solcher Drang trat in gleicher Weise zu Tage bei der Registrierung der verschiedenen Spezies von Flora und Fauna. Auf der Île d'Orléans, wo Cartier einigermaßen sorgfältig um sich schaute, sah er wunderschöne „Bäume so wie Eichen, Ulmen Tannen, Zedern und andere Bäume, die von derselben Art wie die unsrigen sind". Seine Methode war dabei nicht unfehlbar. Nach europäischen Vögeln zu suchen, bedeutete manchmal, sie zu finden, wenn sie gar nicht da waren. In Hochelaga registrierte er „Kraniche, Schwäne, Trappen, Gänse, Enten, Lerchen, Fasanen, Rebhühner, Amseln, Weindrosseln, Turteltauben, Goldfinken, Stieglitze, Zeisige, Nachtigallen und andere Vögel wie in Frankreich". Doch diese Trappen waren zweifelsohne Kanadagänse, und der Nachtvogel Nachtigall mag eine der Drosseln gewesen sein, die so melodisch am späten Abend in der Gegend des Sankt-Lorenz singen.

Manchmal konnte Cartier sich, wie etwa für die sich in der Mündung des Saguenay-Flusses tummelnden Beluga-Wale, auch keinen Namen denken: Sie sind „ebenso groß wie Tümmler, ohne irgendeine Flosse zu haben, und sind im Körperbau und am Kopf gestaltet wie ein Windhund, weiß wie Schnee und ohne einen einzigen Fleck." Das erstaunliche „Meerespferd", das mehrmals auftrat, wurde nie erkannt als das Walross, das es war.

IV. Schlussgedanken

Dabei waren Cartiers Beschreibungsfähigkeiten recht bemerkenswert. Ein gutes Beispiel hierfür ist sein denkwürdiges Bild des ersten Schritts zur Ausrottung des Great Auk. Auf Funk Island sah er die Vögel, „deren Zahl so groß war, dass es für jeden, der dies nicht selbst sieht, einfach unglaublich ist ... Manche von ihnen sind so groß wie Gänse, schwarz und weiß, und sie haben einen Schnabel wie Raben. Sie sind immer im Meer und können nicht in der Luft fliegen, da ihre Flügel klein sind, kaum größer als eine halbe [Hand]. Doch damit fliegen sie mit einer ebensolchen Geschwindigkeit auf Höhe des Wassers wie die anderen Vögel in der Luft. Sie sind außergewöhnlich fett, was ganz erstaunlich ist."

Auch ethnologische Erkenntnisse vermittelte Cartier. Im „Land das Gott Kain gab" fand er Menschen, „effarables et sauvaiges" (scheu und wild), die sich mit „gewissen rotbraunen Farben" bemalten – Beothuk, die Seewölfe fischten. Bald stellte er fest, dass diese nordamerikanischen Menschen nicht alle gleich waren: Sie redeten in unterschiedlichen Sprachen, praktizierten verschiedene Lebensstile und, wie er schließlich wahrnahm, führten auch gegeneinander Krieg. Vom ersten Kontakt an fürchtete er sie oder bezweifelte zumindest ihre Vertrauenswürdigkeit, besonders wenn die Franzosen in der Minderzahl waren. Sein Argwohn wich auch nicht nach zahlreichen Erfahrungen empfangswilliger Gastfreundschaft und obwohl er König Franz I. später von der indianischen „Güte und Friedfertigkeit" erzählte. Als die Micmac aus vierzig oder fünfzig Kanus in der Chaleur-Bucht ihren Wunsch signalisierten, Handel zu treiben, wollte Cartier ihren Zeichen nicht trauen. Und als sie nicht locker ließen, vertrieb er sie mit Kanonenschüssen. Französische Sicherheit und mögliche spätere Dominanz gingen ihm vor.

Aber man kam sich dann doch rasch näher. Die geschilderte Begegnung macht ohnehin deutlich, dass Cartier und seine Mitfahrer wohl nicht die ersten Europäer waren, auf welche die Urbewohner trafen. Letztere wollten handeln und zeigten keine Scheu. Im Jahre 1534 existierte der Handel zwischen Europäern – Bretonen, Basken, Engländern und anderen – und Urbewohnern der Region um Neufundland bereits seit mehreren Jahrzehnten; er hatte möglicherweise schon vor Kolumbus begonnen. Cartier liefert uns die erste detaillierte Beschreibung des Zeremoniells, welches diesen Handel umgab. Die Indianer, die er zuvor vertrieben hatte, kamen am 7. Juli zurück und machten Zeichen, „dass sie gekommen seien, um mit uns zu handeln". Cartier hatte Handelswaren mitgebracht: „Messer und andere Eisenwaren sowie einen roten Hut ..., den ihr Anführer bekommen sollte." Der erste Austausch war lebhaft, die Eingeborenen entledigten sich sogar ihrer Pelze, die ihre Körper bedeckten. Drei Tage später, inmitten förmlichen Geschenketauschs, Tanzens und Singens, ging das Geschäft weiter. Die jungen Frauen blieben länger, was darauf hindeutete, dass sie frühere Erfahrungen mit europäischen Seeleuten hatten. Cartier beobachtete diese Ereignisse sorgfältig und schloss daraus, dass sie Menschen waren, die „leicht zu unserem heiligen Glauben zu bekehren wären." Dies war kein Immediatziel, sondern vielmehr ein Gedanke für die Zukunft. Es war ein Zeichen dafür, dass die Franzosen von Beginn an sowohl Zivilisationsbringer waren als auch Exploratoren, und dass Cartier keinen Grund sah, diese „Wilden" zu ihren eigenen Bedingungen zu akzeptieren.

Später im Juli hatte Cartier an der Gaspé-Halbinsel seinen ersten Kontakt mit Mitgliedern der Eingeborenengemeinde, mit der seine Zukunft in Kanada dann am engsten verbunden blieb. Es waren die laurentinischen Irokesen von Stadacona, die ihre jährliche Fischfangexpedition an die Ostküste machten. Cartiers Berichte sind unsere einzigen Quellen

IV. Schlussgedanken

über diese Urbewohner, die gegen Ende des Jahrhunderts verschwanden, wahrscheinlich als Resultat von Kriegen oder Krankheit. Sein erster Eindruck ist wichtig, denn er illustriert nicht nur Cartiers Beobachtungsgabe, sondern gibt uns auch einen klaren Begriff für seinen Gebrauch des Terminus „sauvaiges". Für Cartier war das Wort „sauvaiges" austauschbar mit „gens", „personnes", „peuple" oder „hommes du pays"; er benutzte nie das Wort „Indiens". Dieser Gebrauch legt nahe, dass Cartier die Indianer akzeptierte als Menschen, wie er selbst einer war. Kolumbus' Entdeckung der Karibik hatte eine intensive Debatte ausgelöst, ob die dort vorgefundenen Eingeborenen als des Seelenheils empfangsfähige Wesen zu erachten seien, ob sie im theologischen Sinn „Menschen" seien. Cartier hegte hieran bezüglich der Bewohner der Sankt-Lorenz-Region offensichtlich keine Zweifel. Da sie zum Christentum bekehrt werden konnten, waren sie vollgültig Menschen.

Freilich waren Donnacona und seinesgleichen für die Franzosen dabei immer noch „sauvaiges", was augenfälligerweise bedeutete: arm, weltlichen Besitzes und entsprechender Institutionen bar, religions- und kulturlos. Wegen ihres wilden, barbarischen Zustandes glaubte Cartier, dass man die Eingeborenen leicht würde „dompter" können, also unterwerfen, zähmen, formen. Anders ausgedrückt, auch wenn man die Eingeborenen als „menschlich" akzeptierte, so waren sie vorerst doch nur potentiell, aber noch nicht wirklich gleich mit den Europäern. Erst wenn ihre „wilden" Eigenschaften, die den Unterschied ausmachten, korrigiert wurden, konnten sie Gleiche werden.

Und da diese laurentinischen Menschen noch „Wilde" waren ohne Kultur, Religion oder Regierung, sah Cartier keinen Grund, ebenso wenig wie die europäischen Exploratoren, die ihm vorangegangen waren, um Erlaubnis zu fragen für die Erkundung oder spätere Besiedlung ihrer Ländereien. Donnacona und seine Stammesleute verstanden offensichtlich die Absicht der Besitzergreifung, welche Cartier durch die Errichtung des Kreuzes auf der Gaspé-Halbinsel kundtat. Doch Cartier fühlte sich nicht veranlasst, ihren Protest ernst zu nehmen. Er folgte hierin hergebrachtem europäischem Vorgehen. Europäer hatten zuvor schon Kreuze als Zeichen der Landnahme aufgestellt, und bereits Kolumbus hatte Bewohner der Karibik zwangsweise nach Spanien transportiert. Möglicherweise hatte Cartier in Brasilien bereits Ähnliches beigewohnt. So konnte er nichts moralisch Unstatthaftes darin finden, Gefangene mit nach Saint-Malo zu nehmen, um sie dort als konkreten Beweis seiner „Entdeckung" vorzuzeigen und um sie später nach Sprachtraining als Dolmetscher benutzen zu können.

Freilich war Cartier weder Botaniker oder Zoologe noch Ethnologe, sondern Schiffsführer. Und so überwiegt in seiner Schilderung insgesamt das oben erwähnte topographische Detail, durch dessen Beschreibung er hoffen konnte, Nachfolgern die Aufgabe der Exploration zu erleichtern. In seinem Selbstverständnis war er ganz offensichtlich der Pionier, dessen Auftrag es letztlich war, die Erschließung des neuen Kontinents für seinen Auftraggeber, und damit für seine Landsleute, in Angriff zu nehmen. Jedenfalls war er der erste Europäer, der auf dem Sankt-Lorenz-Strom fuhr und der ganze Winter an dessen Ufern verbrachte.

Dass der eigentliche Kolonisierungsversuch, die Etablierung von Charlesbourg-Royal, letztlich scheiterte, hatte sicher mehrere Ursachen. Das Immediatziel, darüber kann es keine Zweifel geben, war die Erschließung von Reichtumsquellen gewesen, will sagen Edelmetallausbeute im Stile der spanischen Aktivitäten in Mittelamerika. Dass sich die Möglichkeit hierzu spätestens nach der Rückkehr Cartiers

IV. Schlussgedanken

nach Frankreich im Jahre 1542 als illusorisch erwies, nahm der französischen Krone dann das Inzentiv zur weiteren Förderung des Vorhabens in Kanada. Der Misserfolg Robervals bestätigte die Richtigkeit dieser Entscheidung.

Aber die ganze Veranstaltung trug freilich von Anfang an dilettantische Züge. Das Nebenziel der Christianisierung war wenig glaubhaft angegangen worden; nicht nur mangelte es offensichtlich an Missionaren und jeglicher greifbaren Unterstützung für sie durch die Krone, sondern schon die Erennung des Protestanten Roberval zur Leitung einer ja doch notwendigerweise katholischen Bemühung dieser Art berechtigte jeden Zweifel an der Ernsthaftigkeit solchen Unterfangens.

Weiterhin war die plötzliche Ablösung des bereits zum Chef ernannten Cartier durch Roberval, welche vertretbaren Überlegungen ihr auch zugrunde gelegen haben mochten, ein kaum wieder gut zu machender administrativer Faux-pas, der das Unternehmen schwer belastete. Und der beauftragte Roberval selbst war denkbar ungeeignet für die ihm gestellte Aufgabe. Der Höfling hatte keine Übersee-Erfahrung, und es mangelte ihm an den nötigen menschlichen Qualitäten sowohl zur Zusammenarbeit mit dem ihm nun nachgestellten Cartier als auch bei der Führung seiner Untergebenen nach der Landung am Sankt-Lorenz.

Schließlich sollte man bei der Suche nach den Ursachen für den Misserfolg des Kolonisierungsversuchs wohl auch die Frage nach möglichen Versäumnissen Cartiers selbst stellen. Seine seemännischen Qualitäten, fraglos eine Grundvoraussetzung für das Gelingen eines solchen Siedlungsvorhabens, waren, wie schon weiter oben ausgeführt, über jeden Zweifel erhaben. Es unterliefen ihm in dieser Hinsicht auch keine erwähnenswerten Versehen. Entsprechendes lässt sich wohl auch in Bezug auf seine Mannschaftsführung feststellen.

Weniger sicher mag das Urteil ausfallen hinsichtlich seines Verhältnisses zu Roberval. Wir dürfen wohl mit einiger Gewissheit annehmen, dass die unversehens befohlene Unterordnung unter den unerfahrenen Adligen den selbstbewussten Cartier verärgerte, und man braucht wenig Phantasie zu der Annahme, dass dies dann sein Verhalten beeinflusste. Roberval hat offensichtlich so gut wie nicht von Cartiers doch sehr substantiellen früheren Erfahrungen auf dem amerikanischen Kontinent profitieren können, will sagen, er vernahm praktisch nichts über die Struktur der Wasserläufe, die Komplikationen des kanadischen Winters oder auch die Möglichkeit der Skorbutbekämpfung. Und Cartiers Abfahrt von Neufundland in Richtung Frankreich gegen die ausdrückliche Anordnung Robervals war eine im Prinzip unannehmbare Insubordination.

Fast mehr noch fällt bei der Beurteilung von Cartiers Verantwortung für den Ausgang des Kolonisierungsversuchs sein Verhältnis zu den Ureinwohnern ins Gewicht. Das anfängliche, von gegenseitigem Wohlwollen gekennzeichnete Nebeneinander verschlechterte sich auf die Dauer zu offener Feindseligkeit. Cartier mochte sich nach europäischem Verständnis noch berechtigt fühlen, etwa gegen den Willen Donnaconas nach Hochelaga vorzudringen. Die von diesem und seinem Volk durchschaute Besitznahme ihres Landes durch Cartier im Namen des französischen Königs, das Kidnapping und der Abtransport diverser Urbewohner nach Übersee und offenbar das Verhalten der Franzosen allgemein gegenüber der indianischen Urbevölkerung brachte diese aber allmählich gegen die nun als Eindringlinge empfundenen Europäer auf. Cartier reiste vermutlich bei der dritten Expedition nicht zuletzt so überstürzt ab, weil sein Verhältnis zu den Irokesen an einem Tiefpunkt angelangt war.

IV. Schlussgedanken

Aber die drei von Cartier geleiteten Expeditionen hatten gleichwohl den französischen Blick über den Ozean geschärft. Und der von Cartier für seinen König erhobene Anspruch auf beträchtliche Teile des nordamerikanischen Kontinents bestand weiter. Die Möglichkeit einer Wiederaufnahme entsprechender Bemühungen, sollten sich der Wunsch und die Mittel hierfür finden, blieb im französischen Bewusstsein präsent. Dass der nächste seriöse Kolonisierungsversuch erst zwei Generationen später unternommen wurde, hatte dann vor allem innerfranzösische Gründe. Die Wirren der Religionskriege ließen dem Land vorerst keine Energie mehr für ein Ausgreifen nach Übersee. Als sich die Verhältnisse wieder konsolidierten, zögerte man nicht. Im Jahre 1608 gründete Samuel de Champlain an der Stelle Stadaconas, dessen frühere Bewohner die Siedlung inzwischen aufgegeben hatten, die Siedlung Quebec.

V. Die Reiseberichte

Was wir über Cartiers Reisen wissen, beruht hauptsächlich auf den jeweiligen Reiseberichten. Allerdings stammt möglicherweise keiner derselben von ihm selbst, und ihre ursprüngliche Herkunft ist unklar. Mitte des 20. Jahrhunderts kam die These auf, dass der Renaissanceschriftsteller François Rabelais der Autor gewesen sein könnte, doch findet dieser Gedanke seither kaum noch Anhänger. Einer der besten Kenner der Materie, H. P. Biggar, meint, dass die Fakten für die Berichte vom Autor oder den jeweiligen Autoren aus Logbüchern gezogen wurden, die Cartier führte. Doch gibt es auch hierfür keinerlei konkrete Hinweise.

Das Wissen der Öffentlichkeit über die Reisen Cartiers war jedenfalls lange Zeit gering. Zwar entstanden im 16. Jahrhundert Berichte über alle drei Reisen, doch gelangten diese nur stückweise zur Kenntnis eines breiteren Publikums. Ein 1545 gedrucktes Bändchen mit dem Titel *Brief récit, & succincte narration, de la nauigation faicte es ysles de Canada* (Paris 1545), das die zweite Reise beschreibt, war lange Zeit verschollen; erst 1863 wurde wieder ein Exemplar im British Museum in London aufgefunden. Außerdem existieren dort drei Manuskripte (Nr. 5653, möglicherweise die Grundlage für den *Brief récit*; Nr. 5589; und Nr. 5644), die jedoch dem breiteren Publikum nicht zugänglich waren. So kannte man vorerst die Reisen lediglich aus Übersetzungen.

Im Jahre 1556 veröffentlichte Giovan Battista Ramusio Berichte über die erste und zweite Reise Cartiers, die aus dem Französischen ins Italienische übersetzt worden waren (*Delle*

BRIEF RECIT, &

succincte narration, de la nauigation faicte es ysles de Canada, Hochelage & Saguenay & autres, auec particulieres meurs, langaige, & cerimonies des habitans d'icelles: fort delectable à veoir.

Avec priuilege

On les uend à Paris au second pillier en la grand salle du Palais, & en la rue neufue Nostredame à l'enseigne de lescu de frāce, par Ponce Roffet dict Faucheur, & Anthoine le Clerc frères.

1545.

Titelblatt des Brief Récit

navigationi e viaggi, 3. Band, Venedig). Diese italienischen Texte übersetzte John Florio ins Englische (*Navigations and Discoveries,* London 1580). Erstmals auf Französisch erschien der Bericht über die erste Reise Cartiers, als Rückübersetzung aus Ramusios italienischer Ausgabe, gegen Ende des 16. Jahrhunderts (Raphaël du Petit Val, *Discours du voyage fait par le capitaine Cartier aux Terres-neuves,* Rouen 1598). Mitte der 1580er Jahre entdeckte der britische Geograph und Schriftsteller Richard Hakluyt in Paris französisch geschriebene Manuskripte über Cartiers drei Reisen einschließlich derjenigen Robervals und veröffentlichte sie dann auf Englisch (*The Principal Navigations,* London 1600).

Alle drei Reiseberichte zusammen wurden in französischer Sprache erstmals 1843 herausgegeben durch die Société littéraire et historique de Québec; die Übertragung der Texte in modernisiertes Französisch und der Umstand, dass den Herausgebern sowohl für die zweite Reise das erwähnte *Brief récit* als auch für die erste Reise der Textfund Mitte der 1860er Jahre noch unbekannt waren, beschränken den Wert dieser Edition freilich deutlich. 1865 gab M.H. Michelant auf der Grundlage der Ausgabe 1598 (Petit-Val) den Text der ersten Reise (1534) erneut heraus. Zwei Jahre später geriet jedoch durch Zufall ein Manuskript in seine Hände (Collection Moreau 841), das offensichtlich der Originaltext des Berichts über die erste Reise war. Michelant zögerte nicht mit der Veröffentlichung (H. Michelant und A. Ramé, *Relation originale du voyage de Jacques Cartier au Canada en 1534,* Paris 1867). Dieser Text gilt seither als der vertrauenswürdigste.

Eine sehr zuverlässige, damaligem editorischen Standard voll entsprechende Ausgabe aller drei Reiseberichte, in französischer und englischer Sprache, veröffentlichte 1924 der kanadische Chefarchivar H. P. Biggar (*The Voyages of Jacques*

Cartier, Ottawa). Eine ganze Reihe weiterer Editionen folgten, darunter die auf der Grundlage des bisher Bekannten basierende, modernisierte Version von Charles-André Julien (*Les Français en Amérique pendant la première moitié du XVIe siècle,* Paris 1946). Das von Biggar bis 1924 Erarbeitete wurde dann zwei Generationen später überholt durch die wohl unübertreffbar gründliche, alle möglichen Aspekte ins Auge fassende und damit sicherlich für lange Zeit maßgebende Ausgabe von Michel Bideaux (*Jacques Cartier, Relations,* Montréal 1986). Die hier vorgelegten Übersetzungen ins Deutsche basieren für die Berichte über die beiden ersten Reisen auf den Texten bei Bideaux, für die dritte Reise auf dem Text bei Hakluyt.

Erste Reise

Bericht über die Reise, die Kapitän Jacques Cartier im Jahr 1534 nach Kanada unternommen hat

Nachdem Herr Charles de Mouy, Seigneur de la Milleraye und Vizeadmiral von Frankreich[1], die Kapitäne, Bootsmänner und Seemänner der Schiffe hatte schwören lassen, sich im Dienste des Allerchristlichsten Königs und unter der Verantwortung des genannten Cartier wohl und treu zu verhalten, verließen wir den Hafen und die Stadt Saint-Malo am 20. April des Jahres 1534 mit zwei Schiffen, von denen jedes mit etwa sechzig Tonnen beladen und mit einundsechzig Männern bestückt war. Wir segelten mit viel Glück, kamen am 10. Mai in Neufundland an und gelangten zum Cap de Bonne-viste[2]; dieses liegt am achtundvierzigeinhalben Breitengrad und (…)[3] Längengrad. Doch wegen der großen Eismenge entlang des Landes mussten wir in einen Hafen einfahren, der Saincte Cathérine[4] heißt und fünf Meilen süd-südwestlich des genannten Kaps liegt. Hier blieben wir zehn Tage und warteten auf günstiges Wetter; während dieser Zeit richteten wir unsere Beiboote her.

Am 21. Mai verließen wir den Hafen bei Westwind und segelten nach Norden Viertel Nordwest, vom Cap Bonneviste bis zur Vogelinsel[5], die vollständig von Eis umgeben war. Das Eis war gebrochen und in viele Stücke geteilt. Doch trotz dieser Eisbank gelangten unsere beiden Beiboote dorthin, um Vögel zu holen, von denen es eine so große Anzahl

---

1 Charles de Mouy, Sieur de La Meillerave, am 26.2.1533 zum Vizeadmiral ernannt, starb 1562.
2 Heute: Cape Bonavista.
3 Leerstelle im Manuskript.
4 Catalina.
5 Funk Island.

gibt, dass es für jeden, der dies nicht selbst sieht, einfach unglaublich ist. Diese Insel, die vielleicht eine Meile Umfang hat, ist so voll mit Vögeln, dass es den Anschein hat, als habe man sie dort wie Samen verstreut: Und noch hundertmal mehr als auf der Insel gibt es darum herum und in der Luft. Manche von ihnen sind so groß wie Gänse, schwarz und weiß, und sie haben einen Schnabel wie Raben. Sie sind immer im Meer und können nicht in der Luft fliegen, da ihre Flügel klein sind, kaum größer als eine halbe [Hand]. Doch damit fliegen sie mit einer ebensolchen Geschwindigkeit auf Höhe des Wassers wie die anderen Vögel in der Luft. Sie sind außergewöhnlich fett, was ganz erstaunlich ist. Wir bezeichnen diese Vögel als »Apponatz«[6]. In weniger als einer halben Stunde beluden wir unsere beiden Beiboote damit wie mit Steinen. In jedem Segelschiff salzten wir vier oder fünf Fässer davon ein, nicht eingerechnet die Vögel, die wir frisch aßen.

Außerdem gibt es eine Vogelsorte, die hoch in der Luft und auf Höhe des Wassers fliegt und kleiner ist als die anderen; man nennt sie »Godez«[7]. Sie versammeln sich gewöhnlich auf dieser Insel und verstecken sich unter den größeren Vögeln. Es gab eine weitere Art, die größer und weiß ist und getrennt von den anderen in einem Revier der Insel lebt. Diese Vögel sind sehr schwer zu fangen, weil sie wie Hunde beißen; man nennt sie »Margaulx«. Obwohl die Insel vierzehn Meilen vom Festland entfernt liegt, schwimmen dennoch Bären vom großen Land aus auf die Insel, um diese Vögel dort zu fressen. Unsere Männer fanden einen Bären, groß wie eine Kuh und weiß wie ein Schwan, der vor ihnen ins Meer sprang. Am Tag nach Pfingsten reisten

---

6 Brillenalk (plautus impennis), eine große Pinguinart.
7 Tordalk (alca torda), der gemeine Pinguin.

wir zum Festland und fanden den Bären auf halber Strecke dorthin schwimmend, und zwar genauso schnell wie wir mit unseren Segeln. Als wir ihn entdeckt hatten, jagten wir ihn mit unseren Booten und fingen ihn mit Gewalt: Sein Fleisch war ebenso gut und schmackhaft wie das eines zweijährigen Rindes.

Am Mittwoch, dem siebenundzwanzigsten des Monats Mai, erreichten wir die Mündung der Château-Bucht[8], doch wegen des widrigen Windes und der großen Eismengen mussten wir in einen Hafen einlaufen, der in der Nähe dieser Einfahrt liegt und Rapont[9] genannt wird. Dort blieben wir, ohne auslaufen zu können, bis zum 9. Juni. An diesem Tag verließen wir den Hafen, um mit Gottes Hilfe darüber hinaus zu fahren; Rapont liegt auf dem einundfünfzigeinhalben Breitengrad.

Beschreibung des Landes vom Cap Rouge bis zum Hafen von Brest, der in der Bucht liegt.

Das Land vom Cap Rouge aus bis Dégrat[10], die andere Landspitze der Bucht, erstreckt sich von Kap zu Kap in nord-nordöstlicher und süd-südwestlicher Richtung. Dieser ganze Landesteil hat eng anliegende und eng beieinander liegende Inseln, so eng, dass es nur kleine Flüsschen gibt, über die man mit Booten hindurch und zwischen ihnen fahren kann. Deshalb gibt es mehrere gute Häfen, darunter den genannten Hafen Rapont und den von Dégrat; beide

---

8   Die Meerenge südwestlich von Belle-Isle zwischen Neufundland und der Labradorküste.
9   Karpont = Quirpont (Insel an der Nordspitze Neufundlands).
10 Cap Rouge (Cape Rouge) auf der Nordostseite Neufundlands und Cape Degrast auf der Quirpont-Insel.

liegen auf einer dieser Inseln, der höchsten von allen; jenseits davon sieht man deutlich die beiden schönen Inseln, die nahe dem Cap Rouge liegen, von wo aus man fünfundzwanzig Meilen rechnet. Zum Hafen von Rapont gibt es zwei Einfahrten, eine Richtung Osten und die andere Richtung Süden der Insel, doch man muss sich vor der Seite und vor der Ostspitze hüten, denn es gibt dort Sandbänke und Untiefen. Man muss an der Insel von Westen her über eine Länge von einer halben Seillänge entlang fahren, wenn man will, auch etwas weniger, und dann gegen Süden nach Rapont fahren. Und man muss auf drei Riffe achten, die sich in der Fahrrinne zur Insel von Osten her unter dem Wasser befinden. Durch die Fahrrinne ist der Grund drei oder vier Faden tief und von guter Beschaffenheit. Die andere Einfahrt liegt Ost-Nordost und Süd in Richtung West, so eng, dass man an Land springen kann.

Wenn man von der Dégrat-Spitze aus in die genannte Bucht[11] fährt und nach Westen, Viertel Nordwest, steuert, umfährt man zwei Inseln, die Backbord liegen; die eine davon liegt drei Meilen von der genannten Spitze entfernt, die andere etwa sieben Meilen[12] von der ersten Insel entfernt, welche flach und niedrig ist und anscheinend zum Festland[13] gehört. Ich nenne diese Insel Saincte Katherine[14]. Nordöstlich dieser Insel gibt es über etwa eine viertel Meile Untiefen und schlechten Grund[15], hier muss man sich fernhalten. Die genannte Insel und der Hafen Châteaux[16] liegen nord-nordöstlich und süd-südwestlich davon, die beiden

---

11 Die Meerenge bei Belle-Isle.
12 Îles du Sacre (Great Sacred Island).
13 Gemeint ist Neufundland.
14 Île de la Goélette.
15 Île-Verte (Green Island).
16 Die Meerenge bei Belle-Isle.

Orte sind fünfzehn Meilen voneinander entfernt. Vom Hafen Châteaux bis zum Hafen der Buttes[17], dem nördlichen Teil der genannten Bucht, die sich von Ost-Nordost nach West-Südwest erstreckt, sind es zwölfeinhalb Meilen. Vom Hafen der Buttes bis zum Hafen Balaine[18] sind es zwei Meilen, die Durchfahrt des Hafens, genauer, wenn man ein Drittel der Bucht durchquert hat, hat eine Tiefe von achtunddreißig Faden und einen Grund mit Seetang. Vom Balaine-Hafen bis nach Blanc Sablon sind es (…) Meilen in Richtung West-Südwest, und man muss auf ein Riff achten, das wie ein Boot südöstlich von Blanc Sablon auf dem Wasser liegt, drei Meilen davor.

Blanc Sablon ist eine kleine Einbuchtung, in der es weder von Süden noch von Südwesten her Schutz gibt. Südsüdwestlich dieser Einbuchtung gibt es zwei Inseln, von denen die eine den Namen Waldinsel[19] und die andere den Namen Vogelinsel[20] trägt. Dort gibt es eine große Zahl von »Godez« und »Richars«[21], die rote Schnäbel und Füße besitzen und in Löchern unter der Erde nisten, wie Kaninchen. Nachdem man ein Kap umrundet hat, das eine Meile von Blanc Sablon entfernt liegt, kommen ein Hafen und eine Gegend mit Namen Islettes[22], besser als Blanc Sablon, und man macht dort großen Fischfang. Von diesen Islettes aus bis zum Hafen mit dem Namen Brest[23] in dieselbe Windrichtung sind es zehn Meilen. Dieser Hafen liegt auf einundfünfzig Grad (vierzig), fünfundfünfzig

---

17 Black Bay.
18 Baie Rouge (Red Bay).
19 Île-au-Bois (Woody Island).
20 Île Greenly (Greenly Island).
21 Großer Sturmtaucher (puffinus gravis).
22 Baie de Brador (Brador Bay).
23 Vermutlich Baie-du-Vieux-Fort (Old Fort Bay).

Erste Reise

Minuten Breite und (...)²⁴ Länge. Von den Islettes bis zum genannten Ort gibt es nur Inseln, und Brest liegt ebenfalls auf Inseln. Auch darüber hinaus, wenn man die Küste mehr als drei Meilen weiter entlang kreuzt, gibt es nur Inseln, bis man mehr als zwölf Meilen von Brest entfernt ist. Diese Inseln sind niedrig und jenseits sieht man hohes Land.

Am zehnten Tag des Monats Juni liefen wir mit unseren Schiffen in den Hafen von Brest ein, um Wasser und Holz zu laden. Dann machten wir die Schiffe klar und fuhren über die Bucht hinaus. Am Tag des heiligen Barnabas, nachdem wir die Messe gehört hatten, fuhren wir mit unseren Beibooten über den Hafen hinaus in Richtung Westen, um zu erforschen und zu sehen, welche Häfen es dort gibt. Wir fuhren zwischen den Inseln hindurch, die in so großer Zahl vorhanden sind, dass es unmöglich ist, allen Namen zu geben. Sie erstrecken sich, ausgehend vom Hafen, über insgesamt etwa zehn Meilen. Wir landeten auf einer dieser Inseln an, um dort die Nacht zu verbringen, und fanden Enteneier und Eier von anderen Vögeln, die die Inseln bewohnen, in großer Zahl: Diese Inseln wurden Toutes Isles²⁵ genannt.

Am folgenden Tag, dem zwölften, fuhren wir über diese Inseln hinaus weiter, und am Ende der mächtigsten dieser Inseln fanden wir einen guten Hafen, der Saint Anthoine²⁶ genannt wurde. Außerdem, ein oder zwei Meilen weiter, fanden wir einen kleinen, sehr tiefen Fluss, das Land im Südwesten und zwischen zwei hohen Landstrichen. Es ist ein guter Hafen, es wurde ein Kreuz dort aufgepflanzt und der Hafen wurde Sainct Servan genannt. Im Südwesten

---

24 Leerstelle im Text.
25 Inseln entlang der südlichen Labradorküste.
26 Vermutlich Baie-des-Rochers (Rocky Bay).

dieses Hafens und Flüsschens, etwa eine Meile entfernt, gibt es eine Insel, rund wie ein Backofen[27] und umgeben von mehreren kleineren Inseln, die auf diese Häfen hindeuten. Weiter entfernt, nach zehn Meilen, liegt ein anderer guter und größerer Wasserlauf, wo es viele Lachse gibt. Wir nannten den Fluss Sainct Jacques[28]. Als wir uns darauf befanden, bemerkten wir ein großes Schiff aus La Rochelle, das die Nacht in Brest verbracht hatte und dort auf Fischfang gehen wollte, aber man wusste nicht, wo man sich befand. Wir fuhren mit unseren Beibooten heran und führten das Schiff in einen anderen Hafen, eine Meile weiter westlich vom Sainct Jacques-Fluss, von dem ich glaube, dass es einer der guten Häfen der Welt ist. Er wurde Jacques-Cartier-Hafen[29] genannt. Wäre das Land ebenso gut wie es dort gute Häfen gibt, wäre dies eine gute Sache. Jedoch sollte sich das Land nicht Terre Neuffve nennen, sondern schreckliche und schlecht geglättete Steine und Felsen, denn an der gesamten Nordküste habe ich nicht einen Karren voll Erde gesehen, obwohl ich an mehreren Orten an Land gegangen bin. Außer in Blanc Sablon gibt es nur Moos und kleine, kümmerliche Wälder. Noch mehr als zuvor glaube ich, dass dies das Land ist, das Gott dem Kain gab. Hier gibt es Menschen, die einen schönen Körperbau besitzen, aber furchteinflößend und primitiv sind. Sie tragen ihre Haare auf dem Kopf zusammengebunden, wie ein Büschel mit Heugarben, und ein Nagel oder etwas anderes ist hindurchgezogen. Und dazu bringen sie einige Vogelfedern daran an. Sie tragen Tierfelle, die Männer ebenso wie die Frauen. Doch die Frauen sind enger eingeschnürt in

---

27 Le Boulet.
28 Baie de Napetipi und der Fluss Napetipi.
29 Unsicher. Möglicherweise Baie Mistanoque.

ihren Fellen und ihr Körper ist umgürtet. Sie bemalen sich
mit bestimmten rotbraunen Farben. Sie haben Boote, mit
denen sie auf das Meer hinaus fahren. Diese Boote sind aus
Birkenrinde hergestellt, und damit fischen sie viel Seewolf.
Seitdem ich sie gesehen hatte, wusste ich, dass dies nicht
ihr normaler Aufenthaltsort ist und dass sie aus wärmeren
Regionen kommen, um den Seewolf und andere Dinge für
ihren Lebensunterhalt zu besorgen.

Am dreizehnten kehrten wir mit unseren Beibooten an
Bord zurück, um Segel zu setzen, weil das Wetter günstig
war. Und am Sonntag, dem vierzehnten, ließen wir die
Messe lesen; am Montag, dem 15., liefen wir aus Brest aus
und nahmen die Route nach Süden, um das Land zu erforschen, das wir sahen und das aussah wie zwei Inseln. Doch
als wir etwa in der Mitte der Bucht waren[30], entdeckten
wir, dass es Festland war und es dort ein großes Doppelkap
gab, eines hinter dem anderen – daher gaben wir ihm den
Namen Cap Double[31]. In der Mitte der Bucht loteten wir
einhundert Faden und einen ausgespülten Grund aus[32].
Um von Brest zum Cap Double die Bucht zu durchqueren,
sind es etwa zwanzig Meilen; nach fünf oder sechs Meilen
loteten wir vierzig Faden tief. Wie wir herausfanden, erstreckte sich das Land nach Nordost und Südwest, Viertel
Nord und Süd.

Am nächsten Tag, sechzehnten des Monats, fuhren
wir die Küste entlang nach Südwesten, Viertel Süd, etwa
fünfunddreißig Meilen vom Cap Double aus, wo wir Land
mit sehr hohen und furchteinflößenden Bergen fanden,
darunter einer, der einer Scheune ähnelt, weshalb wir diesen

---

30 Die Meerenge bei Belle-Isle.
31 Pointe Riche (Rich Point).
32 fond curé: schlammiger Grund.

Ort Grange-Berge[33] nannten. Diese Hochflächen und Berge sind zerklüftet und ausgehöhlt, und zwischen ihnen und dem Meer ist Flachland. An diesem Tag erforschten wir kein weiteres Land, wegen des Nebels und des trüben Wetters, und am Abend näherte sich uns eine Lücke im Land[34], wie eine Einfahrt in einen Fluss, zwischen den Grange-Bergen und einem Kap, das süd-südwestlich von uns lag, etwa drei Meilen von uns entfernt. Dieses Kap ist oben ganz gerundet und unten, zum Meer hin, zugespitzt. Deshalb gaben wir ihm den Namen Cap Pointu[35]. Nördlich davon in einer Entfernung von einer Meile gibt es eine flache Insel[36].

Und da wir diese Einfahrt erforschen wollten, um zu sehen, ob es dort irgendeinen guten Ankerplatz und Hafen gab, holten wir die Segel ein, um die Nacht hier zu verbringen.

Am nächsten Tag, dem siebzehnten des Monats, hatten wir einen Sturm aus Nordwest und setzten das Großsegel, um zum Kap zu fahren. Wir befuhren den Weg nach Südwesten, siebenunddreißig Meilen bis zum Donnerstagmorgen. Dann befanden wir uns in einer Bucht. Diese Bucht ist voller Inseln, die rund wie Taubenschläge sind. Aus diesem Grund nannten wir sie Coulonbiers-Inseln und die Bucht Saint-Julian[37], von der aus es bis zu einem Kap im Süden, Viertel Südwest, welches Cap Royal[38] genannt wurde, sieben Meilen sind. West-südwestlich dieses Kaps liegt ein weiteres Kap[39], unten ausgewaschen und oben

---

33   Long Range Mountains.
34   Sandy Bay.
35   Tête-de-Vache (Cow Head).
36   Stearing Island.
37   Baie-des-Îles (Bay of Islands).
38   Pointe de l'Ours (Bear Head).
39   Cap Cormorant.

rund. Eine halbe Meile etwa nördlich davon gibt es eine niedrige Insel[40]. Dieses Kap nannten wir Cap Delatte[41]. Zwischen diesen beiden Kaps gibt es niedriges Land und dahinter sehr hohes, anscheinend auch Flüsse. Zwei Meilen vom Cap Royal entfernt beträgt die Tiefe des Grundes zwanzig Faden, dort kann man so viel großen Kabeljau fangen, wie überhaupt nur möglich ist. Während wir auf unseren Kameraden warteten, fingen wir in weniger als einer Stunde über einhundert Stück davon.

Am folgenden Tag, dem 18. Juni, herrschte widriger, starker Wind vor, und wir kehrten zum Cap Royal zurück, um einen Hafen zu finden. Mit unseren Beibooten gingen wir zwischen dem Cap Royal und dem Cap Delatte auf Entdeckungsfahrt und fanden heraus, dass jenseits des Tieflandes eine sehr tiefe, große Bucht[42] mit Inseln darin lag. Nach Süden hin wird sie vom Flachland begrenzt, welches eine Seite der Einfahrt bildet, die andere Seite wird durch das Cap Royal gebildet. Das Tiefland erstreckt sich über eine halbe Meile ins Meer hinein, mit flachem Land und schlechtem Grund[43], und mitten in der Einfahrt ist eine Insel[44]. Die Bucht liegt auf dem achtundvierzigeinhalben Breitengrad und dem (…) Längengrad. An diesem Tag fanden wir keinen Hafen zum Ankern und hielten uns über Nacht auf dem Meer auf, das Kap westlich von uns.

Von diesem Tag an bis zum vierundzwanzigsten Juni, dem Tag des heiligen Johannes, gab es Sturm, widrigen Wind und Dunkelheit, so dass wir das Land nicht vor dem Johannistag erforschen konnten. An diesem Tag entdeckten

---

40 Île Rouge (Red Island).
41 Cape Saint-George.
42 Baie Port-à-Port (Port au Port Bay).
43 Longue Pointe (Long Point).
44 Île du Renard (Fox Island).

wir ein Festlandskap von uns aus im Südosten, das nach unserer Einschätzung südwestlich vom Cap Royal lag, etwa fünfunddreißig Meilen entfernt. An diesem Tag herrschten Nebel und schlechtes Wetter vor, und wir konnten uns diesem Land nicht nähern; da dies aber nun der Tag des Monseigneur Saint Jehan war, nannten wir das Cap Saint Jehan (Jean)[45].

Der folgende Tag, der fünfundzwanzigste, brachte schlechtes Wetter, es war trüb und windig, und wir fuhren einen Teil des Tages nach West-Nordwest; am Abend begannen wir zu queren, bis zum zweiten Viertel, wo wir dann ablegten. Nach unserer Einschätzung waren wir im Nordwesten, Viertel West, des Cap Sainct Jehan, siebzehn und eine halbe Meile. Und als wir ablegten, kam der Wind aus Nordwest und wir fuhren fünfzehn Meilen nach Südwest, wo wir drei Inseln[46] fanden, zwei kleine, schroff wie Mauern, so dass es nicht möglich ist, sie zu erklimmen, dazwischen gibt es einen kleinen Vorsprung. Diese Inseln sind mit Vögeln, die dort nisten, bedeckt wie eine Wiese mit Kräutern. Die größte Insel war voller »Margaulx«-Vögel, die weiß sind und größer als Gänse. Auf der anderen Insel war es ähnlich, auf einem Teil diese Vögel, der andere war voller »Godez«. Und unten gab es gleich viele »Godez« wie »Apponatz«, die den Vögeln auf der Insel ähneln, von der bereits die Rede war. Wir gingen am Fuß der kleinsten Insel an Land und töteten über tausend »Godez« und »Apponatz«, wovon wir so viele wie möglich auf die Beiboote nahmen. Innerhalb von eineinhalb Stunden beluden wir die Boote damit und nannten die Inseln »Margaulx«-Inseln. Fünf Meilen von diesen Inseln entfernt, nach Westen

---

45 Vermutlich Cap-à-l'Anguille (Cape Anguille).
46 Îles-aux-Oiseaux oder Rochers-aux-Oiseaux (Bird Rocks).

hin, gibt es eine weitere, etwa zwei Meilen lang und ebenso breit[47]. Wir ankerten dort für die Nacht, um Wasser und Feuerholz aufzunehmen. Diese Insel ist von Feinsand und einem guten Grund und Ankerplatz umgeben, mit einer Fadentiefe von sechs und sieben. Es ist das beste Land, das wir bisher gesehen haben; ein Morgen dieses Landes ist mehr wert als ganz Neufundland. Wir fanden es voller schöner Bäume, Grünland, wilden Getreidefeldern und Blumenwiesen, genauso dicht und schön, wie ich es einst in der Bretagne gesehen habe, es scheint, als habe jemand all dies gesät. Es gibt kräftige Johannisbeersträucher, Erdbeersträucher und Provins-Rosenbüsche, Petersilie und weitere gute Kräuter mit starkem Duft. Um die Insel herum gibt es mehrere große Tiere, großen Kühen ähnlich, welche zwei Zähne im Schlund haben, wie Elefanten, und die ins Meer gehen. Eines davon schlief an Land, am Ufer. Wir fuhren mit den Beibooten hin, um es zu fangen zu versuchen; doch sobald wir in seine Nähe kamen, stürzte es sich ins Meer. Auch sahen wir Bären und Füchse. Diese Insel nannten wir die Bryon-Insel. Um sie herum gibt es starke Gezeiten von Südost nach Nordwest. Nach dem, was ich gesehen habe, nehme ich noch mehr an als zuvor, dass es dort irgendeine Passage zwischen der Terre Neuffve und der Terre des Bretons gibt. Falls dem so ist, wäre dies eine große Abkürzung, sowohl zeitlich als auch von der Strecke her, und das wäre die Erfüllung dieser Reise. Vier Meilen von der genannten Insel entfernt liegt ein schönes Kap, das wir Cap Dauphin[48] nannten, da es der Beginn der guten Landgebiete ist.

---

47 Île Brion (Brion Island).
48 Cap du Dauphin (d. h. Cap Nord auf Grosse-Île in den Îles de la Madeleine).

1534 nach Kanada

Am siebenundzwanzigsten Tag des Monats Juni kreuzten wir vor diesem Land, das sich von Ost-Nordost nach West-Südwest erstreckt, und von weitem sieht es aus, als gebe es dort Sandhügel, weil es niedrige und sandige Landschaften sind. Da der Wind von dorther kam, konnten wir weder dorthin gelangen noch an Land gehen und kreuzten an diesem Tag ungefähr fünfzehn Meilen weit.

An folgenden Tag kreuzten wir etwa zehn Meilen vor diesem Land[49], bis zu einem Kap mit roter Erde[50], einem abgebrochenen Kap, in dem sich eine Einbuchtung in Richtung Norden hin erstreckt und wo es in nur sehr geringer Tiefe Land gibt. Dort liegt eine Rinne zwischen dem Meer und einem Teich[51]. Von diesem Landkap und Teich bis zu einem anderen Landkap sind es ungefähr vier Meilen. Das Land beschreibt hier einen Halbkreis und ist vollständig von feinem Sand umgeben, wie von einem Graben; dahinter und jenseits davon ist eine Art Sumpf und Teich, je nachdem, wie man es betrachten will. Und bevor man zum ersten Kap[52] kommt, liegen zwei Inseln ziemlich nahe beim Land[53]. Fünf Meilen vom zweiten Kap entfernt gibt es im Südwesten eine sehr hohe und spitze Insel, die von uns Allezay[54] genannt wurde. Das erste Kap nannten wir Cap St. Pierre[55], weil wir am Tag dieses Heiligen dort ankamen.

Von der Insel Bryon bis zu diesem Ort gibt es guten, sandigen Grund und eine gewisse Lottiefe, die sich verringert,

---

49 Île-au-Loup (Wolf Island) in den Îles de la Madeleine.
50 Cap de l'Hôpital auf der Île de la Meule (Grindstone Island).
51 Vermutlich die Lagune Havre-aux-Maisons (House Harbour) zwischen Île-au-Loup und Île de la Meule.
52 Cap de l'Hôpital.
53 Île-aux-Goélands (Gull Island) und Île Le Boutiller.
54 Île Le Corps-Mort (zu den Îles de la Madeleine).
55 Cap de l'Hôpital.

wenn man sich dem Land nähert. So sind es fünf Meilen vom Land entfernt fünfundzwanzig Faden Tiefe, eine Meile davor zwölf und am Ufer sechs Faden, immer aber guter Grund. Und da wir über diese Gegend mehr wissen wollten, holten wir die Segel ein.

Am Tag darauf, dem Vorletzten des Monats, ging der Wind auf Süd, Viertel von Südwest, und wir fuhren bis zum Dienstag, dem Letzten des Monats, mit der Sonne im Osten weiter, ohne weiteres Festland zu finden, bis wir am Abend, als die Sonne unterging, Land sahen, das wie zwei Inseln aussah und westsüdwestlich von uns lag, etwa neun oder zehn Meilen entfernt. Wir wandten uns nach Westen bis zum folgenden Tag, mit der Sonne im Osten, ungefähr vierzig Meilen weit. Auf dieser Route erkundeten wir das erwähnte, wie zwei Inseln aussehende Land[56], das aber Festland[57] war und sich von Südsüdost nach Nordnordwest erstreckt, bis zu einem sehr schönen Landkap, genannt Cap d'Orléans[58]. Das ganze Land hier ist niedrig und flach, so schön, wie es überhaupt nur möglich ist, voller schöner Bäume und Grünland; doch wir konnten hier keinen Hafen finden, da es Tiefland ist, mit sehr geringer Wassertiefe und vollständig von Sand umgeben. Wir fuhren mit unseren Beibooten an viele verschiedene Stellen, unter anderem in einen schönen Fluss mit nicht viel Grund hinein, wo wir Boote von Wilden sahen, die diesen Fluss überquerten; wir nannten ihn daher Riviere de Barcques[59]. Mehr konnten wir über sie nicht in Erfahrung bringen, weil der Wind vom Meer kam, zur Küste wehte, und wir mit unseren Beibooten zu den Schiffen zurückkehren mussten. Bis zum folgenden Tag fuhren wir

---

56 Vermutlich zwei Anhöhen auf Prince-Edward-Island.
57 Prince-Edward-Island.
58 Cape Kildare.
59 Baie Malpecque (Richmond Bay, Prince-Edward-Island).

nach Nordost weiter, mit der Sonne im Osten. Es war der erste Juli. Um diese Zeit kamen Nebel und Dunkelheit auf, und wir holten die Segel bis etwa zehn Uhr ein, dann klarte es auf. Daraufhin erkundeten wir das Cap d'Orléans und ein weiteres, das etwa sieben Meilen weiter nördlich liegt, Viertel Nordost. Dieses nannten wir Cap du Sauvage[60]. Nordöstlich davon, etwa eine halbe Meile entfernt, gibt es eine Untiefe und eine gefährliche Steinbank. Bei diesem Kap kam ein Mann auf uns zu, der unseren Beibooten entlang der Küste hinterherlief und uns Zeichen gab, dass wir zum Kap zurückkehren sollten. Als wir diese Zeichen sahen, begannen wir zu ihm hin zu rudern, und als er sah, dass wir zurückkehrten, begann er auszuweichen und lief vor uns davon. Wir gingen vor ihm an Land und legten ihm ein Messer und einen Wollgürtel auf eine Rute, dann ruderten wir zu unseren Schiffen. An diesem Tag kreuzten wir an diesem Land entlang, neun oder zehn Meilen weit, um einen Hafen zu finden, was uns aber nicht gelang. Denn, wie schon erwähnt, ist es Tiefland und sehr flaches Wasser. An diesem Tag gingen wir an vier verschiedenen Stellen an Land, um die Bäume zu sehen, die wunderschön sind und einen starken Duft haben. Wir fanden heraus, dass es Zedern, Eiben, Kiefern, weiße Ulmen, Eschen, Weiden und weitere, uns unbekannte Bäume waren, alle ohne Früchte. Die Stellen, wo es keinen Wald gibt, sind sehr schön und voller Erbsen, roter und weißer Johannisbeersträucher, Erdbeeren, Himbeeren und wilden Korns, das dem Roggen ähnelt. Es sieht aus, als habe jemand all dies gesät und kultiviert. Es ist ein Landstrich mit bestmöglichen Temperaturen und viel Wärme; es gibt eine Menge Turteltauben, Ringeltauben und weitere Vögel. Das einzige, was fehlt, sind Häfen.

---

60 Pointe Nord (North Point).

Am zweiten Juli, dem Tag darauf, entdeckten wir das Land nördlich von uns, das dem ähnelte, das wir gerade umfahren hatten, und wir stellten fest, dass es sich um eine Bucht handelt, etwa zwanzig Meilen tief und ebenso breit. Wir nannten sie Sainct Lunaire[61]. Mit unseren Booten fuhren wir zum Kap in Richtung Norden und fanden eine so geringe Wassertiefe vor, dass eine Meile vom Land entfernt nur noch ein Faden Lottiefe vorhanden war. Nordöstlich des Kaps, in sieben oder acht Meilen Entfernung, erschien uns ein weiteres Festlandskap[62], und zwischen den beiden lag eine dreieckige, sehr tiefe Bucht[63], die sich nach Nordosten hin erstreckte, soweit wir blicken konnten, ganz von Sand umgeben, ein Land mit äußerst geringer Wassertiefe. In zehn Meilen Entfernung betrug die Fadentiefe zwanzig. Von diesem letzten Kap bis zur erwähnten Festlandskapspitze sind es fünfzehn Meilen, und als wir an diesem Kap[64] vorbeifuhren, entdeckten wir weitere Landstriche und ein Kap nördlich von uns[65], Viertel Nordost und gut sichtbar. Die Nacht brachte schlechtes Wetter und starken Wind, wir mussten bis zum Morgen des dritten Juli bei dem Kap bleiben. Dann ging der Wind auf West, und wir segelten nach Norden, um dieses Land zu erforschen. Es war hohes Land, das sich nordnordöstlich hinter Tiefland erstreckte, und zwischen dem Flachland und dem Hochland gab es eine große Bucht und eine Einfahrt mit stellenweise fünfundfünfzig Faden Tiefe, etwa fünfzehn Meilen breit. Wegen dieser Tiefe und Breite und dem sich ändernden Landschaftsbild hofften wir,

---

61 Die Nordzufahrt zur Northumberland-Enge.
62 Pointe-à-Barreau, oder aber Pointe de Blackland (Blackland Point, New Brunswick).
63 Baie de Miramichi (Miramichi Bay).
64 Île de Miscou (Miscou Island).
65 Baie-des-Chaleurs (Chaleur Bay).

die Passage zu finden, so wie bei der Passage von Châteaux. Diese Bucht erstreckt sich von Ostnordost nach Westsüdwest. Das Land ist in Richtung Süden der genannten Bucht hin ebenso schön wie gut, urbar und voller, ebenso schöner Ebenen und Grünland, wie wir es schon gesehen hatten, flach wie ein Teich. Nach Norden hin ist das Land hoch und gebirgig, voller Hochwaldbäume verschiedener Arten, unter anderem gibt es Zedern und Tannen, die so schön sind wie nur irgend möglich, und aus denen man genügend Masten machen kann, um Schiffe mit dreihundert und mehr Tonnen auszurüsten. Wir sahen nicht eine einzige Stelle ohne Bäume außer an zwei Stellen des Tieflandes, wo es Grünland und sehr schöne Teiche gab. Die Mitte dieser Bucht liegt auf siebenundvierzigeinhalb Grad Breite und dreiundsiebzig Grad Länge.

Das Kap dieses Südlandstrichs wurde Cap d´Espérance[66] genannt, wegen der Hoffnung, die wir hegten, hier eine Passage zu finden. Am vierten Tag des Monats, dem Tag des Sankt Martin, kreuzten wir entlang dieses Landstrichs von Norden her weiter, um einen Hafen zu finden, und wir fuhren in eine kleine Bucht und Einbuchtung, nach Süden hin, wo es keinerlei Schutz vor dem Wind gab, gänzlich offen. Wir gaben ihr den Namen Saint Martin[67]. In dieser Einbuchtung blieben wir vom vierten bis zum zwölften Juli. Und während dieser Zeit – am Montag, dem sechsten – fuhren wir nach der Messe mit einem unserer Beiboote los, um ein Kap und eine Landspitze zu erkunden, die sieben oder acht Meilen westlich von uns lag; wir wollten sehen, wie dieses Land sich ausrichtet. Als wir eine halbe Meile von dieser Spitze entfernt waren, entdeckten wir zwei

---

66 Pointe Miscou (Miscou Point).
67 Baie de Port-Daniel (Port Daniel Bay).

Gruppen von Booten der Wilden, die von ihrem Land aus zum anderen hin fuhren; es waren dort mehr als vierzig oder fünfzig Boote. Eine Gruppe Boote kam an der Landspitze an, wo eine große Menge Menschen von den Booten sprang und an Land ging. Sie machten großen Lärm und gaben uns Zeichen, dass wir an Land gehen sollten, wobei sie uns auf Stöcken angebrachte Felle zeigten. Da wir aber nur ein einziges Beiboot bei uns hatten, wollten wir nicht dorthin fahren und ruderten zur anderen Gruppe hin, die sich auf dem Meer befand. Als diese Menschen sahen, dass wir auswichen, bemannten sie zwei ihrer größten Boote, um hinter uns her zu kommen, und mit diesen vereinten sich fünf weitere Boote von denen, die vom Meere her kamen, und kamen bis ganz nahe an uns heran. Sie tanzten und gaben uns einige Zeichen, dass sie mit uns Freundschaft schließen wollten, in ihrer Sprache sagten sie: »Napou tou daman asurtat«[68] und weitere Dinge, die wir nicht verstanden. Wie gesagt, da wir nur ein einziges Beiboot bei uns hatten, wollten wir ihren Zeichen nicht vertrauen und gaben ihnen zu verstehen, dass sie sich zurückziehen sollten, was sie aber nicht wollten. Sie ruderten vielmehr mit so großer Kraft, dass sie unser Beiboot mit ihren sieben Booten umringen. Und da sie sich trotz der Zeichen, die wir ihnen machten, nicht zurückziehen wollten, schossen wir zwei Kanonenkugeln[69] über ihre Köpfe hinweg. Daraufhin kehrten sie zur Landspitze zurück und machten dabei schrecklich großen Lärm, und dann begannen sie, sich wie vorher zu uns zurückzuwenden. Als sie nahe bei unserem Beiboot waren, feuerten wir zweimal zwischen sie, was sie so überraschte, dass sie sich mit großer Eile zur Flucht wandten und uns nicht länger folgten.

---

68 Vermutlich Micmac.
69 Schüsse aus leichten Kanonen.

1534 nach Kanada

Am folgenden Tag kam ein Teil dieser Wilden mit neun Booten zur Landspitze und Einfahrt in die Einbuchtung, wo wir mit unseren Schiffen vor Anker lagen[70]. Als wir auf ihr Kommen aufmerksam wurden, fuhren wir mit unseren zwei Beibooten dorthin, wo sie sich befanden. Und sobald sie uns bemerkten, wandten sie sich zur Flucht, uns Zeichen gebend, dass sie gekommen seien, um mit uns zu handeln. Sie zeigten uns Felle von geringem Wert, mit denen sie sich bekleiden. Auch wir gaben ihnen zu verstehen, dass wir ihnen nichts Böses wollten. Zwei Männer gingen an Land, um zu ihnen zu gehen und ihnen Messer und andere Eisenwaren sowie einen roten Hut zu bringen, den ihr Anführer bekommen sollte. Als sie dies sahen, ging ein Teil von ihnen mit den Fellen an Land. Sie trieben dann Handel miteinander, die Freude darüber, diese Eisenwaren und anderen Dinge als Gegenleistung zu erhalten, war bei ihnen groß, sie tanzten und vollzogen verschiedene Zeremonien, indem sie sich Meerwasser mit ihren Händen auf ihre Köpfe warfen. Sie übergaben uns alles, was sie hatten, so dass sie vollkommen nackt zurückfuhren, ohne irgendetwas noch am Leib zu tragen; und sie machten uns Zeichen, dass sie am nächsten Tag mit weiteren Fellen zurückkommen würden.

Am Donnerstag, dem achten Tag des Monats, war der Wind nicht günstig genug, um mit unseren Schiffen auszulaufen, daher rüsteten wir unsere Beiboote aus, um die erwähnte Bucht zu erforschen, und fuhren an diesem Tag etwa fünfundzwanzig Meilen hinein. Am folgenden Tag war das Wetter gut, und wir segelten bis etwa zehn Uhr morgens, als wir das Ende der Bucht entdeckten, worüber wir traurig und betrübt waren. Hinter dem Tiefland gab es sehr hohe Berge[71].

---

70 Westlicher Punkt an der Zufahrt zur Baie de Port-Daniel.
71 Monts Notre-Dame.

Als wir sahen, dass es keine Durchfahrt dort gab, machten wir uns auf den Rückweg. Auf unserem Weg entlang der Küste sahen wir die Wilden am Beginn eines Sees im Flachland, wo sie mehrere Feuer und Rauch machten. Wir fuhren dorthin und entdeckten, dass es einen Zugang vom Meer hier gab[72], der zu dem See führte; wir legten mit unseren Beibooten an einer Seite des Zugangs an. Die Wilden fuhren mit einem ihrer Boote vorbei und brachten uns gargekochte Seewolfstücke, die sie auf Holzstücke gespießt hatten. Dann zogen sie sich zurück und bedeuteten uns, dass sie uns diese Stücke geben wollten. Wir schickten zwei Männer mit Hackbeilen und Messern, Rosenkränzen und weiterer Handelsware an Land, worüber sie in große Freude gerieten. Und alsbald fuhren sie in großer Zahl mit ihren Booten an der Küste, an der wir lagen, vorbei, mit Fellen und dem, was sie dabei hatten, um unsere Handelsware zu bekommen. Es waren Männer, Frauen und Kinder, über dreihundert an Zahl. Die Frauen, die nicht mitgefahren waren, tanzten und sangen, wobei sie bis zu den Knien im Meer standen. Die anderen Frauen, die von der anderen Seite her zu uns hinüberkamen, kamen offen auf uns zu und rieben unsere Arme mit ihren Händen, dann hoben sie die zusammengelegten Hände zum Himmel und gaben Zeichen der Freude von sich. Sie waren sich in Bezug auf uns so sicher, dass sie schließlich alles von der einen Hand in die andere handelten, was sie besaßen, allerdings war all dies von geringem Wert. Wir stellten fest, dass es Menschen waren, die leicht zu bekehren wären, die von Ort zu Ort ziehen und in der Fischereisaison Fische für ihren Lebensunterhalt fangen. Ihr Land hat mäßigere Temperaturen als Spanien, es ist das schönste Land, das es zu sehen gibt, flach wie ein Teich. Und es gibt auch nicht das

---

72   Nahe der Pointe de Carleton.

kleinste Stück Land ohne Wald, auch auf dem Sand nicht, das nicht voll wäre mit wildem Getreide, welches Ähren wie Roggen und Korn wie Hafer hat, und so dicken Erbsen, als hätte man sie gesät und kultiviert; außerdem gibt es weiße und rote Johannisbeersträucher, Erdbeeren, Himbeeren, rote Rosen und weitere Pflanzen mit gutem, intensivem Duft. Auch gibt es sehr schönes Grünland, gute Kräuter und den Teich, in dem viele Lachse sind. Ich schätze, noch mehr als zuvor, dass die Leute leicht zu unserem heiligen Glauben zu bekehren wären. In ihrer Sprache nennen sie ein Hackbeil »Cochy« und ein Messer »Bacan«. Die Bucht nannten wir Baie de Chaleur.

Da wir sicher waren, dass es in dieser Bucht keine Durchfahrt gab, setzten wir die Segel und legten von der Einbuchtung Saint Martin ab, am Sonntag, dem zwölften Juli, um jenseits dieser Bucht weiterzusuchen und Land zu entdecken. Wir fuhren entlang der Küste nach Osten, die sich hier etwa achtzehn Meilen bis zum Cap Pratto[73] erstreckt. Dort fanden wir ganz erstaunliche Gezeiten vor, mit wenig Grund und tückischem Meer. Wir mussten zwischen diesem Kap und einer Insel[74] etwa eine Meile östlich davon festmachen; dort warfen wir für die Nacht Anker. Am nächsten Morgen setzten wir die Segel, um an der Küste entlang zu kreuzen, die sich nach Nordnordost erstreckte. Doch es kam so starker Gegenwind auf, dass wir sie dort, von wo wir losgefahren waren, wieder einholen und diesen Tag und die Nacht bis zum folgenden Tag dort verbringen mussten. Dann setzten wir Segel und fuhren in Richtung eines Flusses, der fünf oder sechs Meilen von diesem Kap aus in Richtung Norden

---

73 Vermutlich Cap Blanc (White Head).
74 Île de Bonaventure (Bonaventure Island).

liegt[75]. Als wir vor dem Fluss waren, kam widriger Wind auf, dazu gab es starken Nebel und keine Sicht mehr; deshalb mussten wir in diesen Fluss hineinfahren – es war Dienstag, der vierzehnte Tag des Monats – und bis zum sechzehnten in der Einfahrt vor Anker liegen, auf gutes Wetter zum Auslaufen hoffend. Am Donnerstag, dem sechzehnten, wurde der Wind so stark, dass eines unserer Schiffe einen Anker verlor, und wir mussten noch weiterfahren, sieben oder acht Meilen den Fluss hinauf, in einen guten und sicheren Hafen, den wir mit unseren Beibooten gesehen hatten. Und wegen des schlechten Wetters und der schlechten Sicht blieben wir in diesem Hafen und Fluss bis zum Fünfundzwanzigsten des Monats, ohne ihn verlassen zu können. Während dieser Zeit kam eine große Anzahl von Wilden zu uns, die in diesen Fluss gekommen waren, um Makrelen zu fischen, welche es hier in überreichlicher Menge gibt. Es waren mehr als zweihundert Männer, Frauen und Kinder, die etwa vierzig Kähne bei sich hatten. Diese kamen, nachdem wir ein wenig Zeit mit ihnen an Land verbracht hatten, mit ihren Booten ganz offen zu uns, um nahe bei unseren Schiffen festzumachen. Wir gaben ihnen Messer, Rosenkränze aus Glas, Kämme und andere Dinge von wenig Wert. Sie zeigten große Freude darüber, hoben die Hände zum Himmel, sangen und tanzten in ihren Booten. Diese Leute kann man Wilde nennen, denn sie sind die ärmsten Menschen, die es auf der Welt nur geben kann; alles, was sie haben, ist zusammen keine fünf Sous wert, ausgenommen ihre Boote und Fischernetze. Sie sind vollkommen nackt außer einem kleinen Fell, mit dem sie ihre Scham bedecken, und einigen alten Tierfellen, die sie sich über die Schulter werfen. Sie sind weder von der Art noch besitzen sie dieselbe Sprache wie die ersten, die wir entdeckt

---

75   Baie de Gaspé (Gaspé Bay).

hatten. Sie haben den Kopf ganz herum rasiert, außer einem Büschel ganz oben am Kopf, das sie lang lassen wie einen Pferdeschwanz. Diesen legen sie am Kopf an und befestigen ihn in einem Stück mit Lederriemen. Sie haben keinen anderen Schlafplatz als auf der Erde unter ihren Booten, die sie umdrehen, bevor sie schlafen gehen. Sie essen das Fleisch fast roh, nachdem es auf Kohlen ein wenig erwärmt wurde; ebenso machen sie es mit dem Fisch. Am Tag der heiligen Magdalena waren wir mit unseren Beibooten an dem Ort, wo sie sich aufhielten, am Anfang des Wassers, und wir stiegen offen zu ihnen aus den Beibooten. Das machte ihnen große Freude, und alle Menschen nahmen sich bei der Hand, um in zwei oder drei Gruppen zu singen und zu tanzen; sie freuten sich sehr über unser Kommen. Doch sie hatten alle jungen Frauen in den Wald fliehen lassen, außer zwei oder drei, die blieben und denen wir jeder einen Kamm und einen kleinen Zinnring gaben, worüber sie sich sehr freuten und dem Kapitän mit ihren Händen die Arme und die Brust rieben. Und als sie sahen, was er denen, die geblieben waren, gegeben hatte, ließen sie diejenigen kommen, die in den Wald geflohen waren, damit sie dasselbe bekamen wie die anderen; es waren gut zwanzig, die sich um den Kapitän herum versammelten, ihn mit ihren Händen reibend, was ihre Art ist, jemandem ihre Zuneigung zu zeigen, und er gab einer jeden von ihnen ihren kleinen Zinnring von geringem Wert. Sofort versammelten sie sich, um sie zu betrachten, und sangen mehrere Lieder. Wir fanden eine große Menge an Makrelen, die sie nahe am Ufer gefischt hatten, mit Netzen, die sie zum Fischen hatten und die aus Fasern des Hanfs gefertigt werden, welcher in ihrem Land wächst, wo sie sich normalerweise aufhalten. Denn sie kommen nur in der Fischereisaison zum Meer, wie ich es erfahren und verstanden habe. Auch wächst dort grobe Hirse, wie Erbsen groß, ebenso wie in Brasilien, die sie anstelle von Brot essen. Davon haben sie große Mengen bei sich, und sie nennen sie in ihre Sprache »Kagaige«. Auch haben sie Pflaumen, die sie für den Winter genauso trocknen, wie wir es tun, und die bei ihnen »Honesta« heißen. Außerdem Feigen, Nüsse, Birnen, Äpfel und weitere Früchte und Bohnen, die sie »Sahé« nennen, die Nüsse heißen »Caheya«, die Feigen »Honnesta«, die Äpfel (…)[76]. Wenn man ihnen etwas zeigt, was sie nicht haben und wovon sie nicht wissen, was es ist, schütteln sie den Kopf und sagen »Nouda«, das heißt, dass sie etwas Derartiges nicht haben und nicht wissen, was es ist. Bei den Dingen, die sie haben, haben sie uns durch Gesten gezeigt, wie sie wachsen und wie sie sie zubereiten. Sie essen niemals etwas, was einen salzigen Geschmack hat. Sie sind meisterhafte Diebe bei allem, was sie stehlen können.

Am vierundzwanzigsten Tag des Monats ließen wir ein Kreuz mit einer Höhe von dreißig Fuß errichten, welches vor den Augen vieler von ihnen hergestellt wurde, und zwar an der Spitze der Hafeneinfahrt. Unter dem Querbalken brachten wir ein erhabenes Wappen mit drei Lilien an und darüber eine große Inschrift aus Holz, mit Großbuchstaben, worauf »VIVE LE ROY DE FRANCE« stand. Dieses Kreuz stellten wir vor ihnen an der genannten Spitze auf, und sie beobachteten, wie es gefertigt und errichtet wurde. Nachdem es aufgestellt war, knieten wir uns alle mit gefalteten Händen nieder und verehrten es vor ihren Augen. Dabei gaben wir ihnen, indem wir zum Himmel blickten und darauf zeigten, zu verstehen, dass von dort unsere Erlösung kommt. Mit großer Bewunderung gingen sie um das Kreuz herum und betrachteten es.

---

76 Leerstelle im Text.

Als wir zu unseren Schiffen zurückgekehrt waren, kam der Anführer[77], bekleidet mit einem alten Schwarzbärfell, in einem Boot, mit dreien seiner Söhne und seinem Bruder. Sie kamen nicht so nahe an das Schiff heran, wie es bei ihnen Brauch ist, und er hielt eine feierliche Ansprache, zeigte dabei auf das Kreuz und machte mit zwei Fingern ein Kreuzzeichen. Dann wies er auf das ganze Land um uns herum hin, als ob er sagen wollte, dass das ganze Land ihm gehöre, und dass wir das Kreuz nicht ohne seine Erlaubnis aufstellen dürften. Nachdem er seine Ansprache beendet hatte, zeigten wir ihm eine Axt und gaben vor, dass wir sie gegen sein Fell eintauschen wollten. Dies verstand er und kam unserem Schiff immer näher in dem Bestreben, die Axt zu bekommen. Einer unserer Leute stand in unserem Boot, legte die Hand auf deren Boot, und sofort gingen zwei oder drei auf das Boot und brachten sie dazu, unser Schiff zu besteigen, worüber sie sehr erstaunt waren. Als sie an Bord gekommen waren, wurde ihnen durch den Kapitän bedeutet, dass ihnen nichts Böses widerfahren werde, indem er ihnen große Zeichen der Freundschaft gab. Und man gab ihnen zu essen und zu trinken und bereitete ihnen einen sehr freundlichen Empfang. Dann gaben wir ihnen durch Zeichen zu verstehen, dass das Kreuz aufgestellt worden sei, um Handel zu treiben, um die Einfahrt in den Hafen zu markieren, und dass wir bald zurückkämen und ihnen Eisenwaren und andere Dinge brächten. Außerdem, dass wir zwei Söhne mit uns nehmen wollten und sie später zu diesem Hafen zurückbrächten; und wir statteten die zwei Söhne[78] mit zwei Hemden und mit Livreen und roten Hüten aus; jeder bekam eine Messingkette um den Hals gehängt,

---

77 Donnacona.
78 Domagaya und Taignoagny.

worüber sie sehr zufrieden waren, und sie gaben ihre alten Lumpen denen, die zurückkehrten. Dann gaben wir den dreien, die zurückkehrten, jeweils ein kleines Beil und zwei Messer, worüber sie große Freude zeigten. Nachdem sie an Land zurückgekehrt waren, berichteten sie den anderen die Neuigkeiten. Etwa gegen Mittag desselben Tages kehrten sechs Boote zu unseren Schiffen zurück, in jedem davon saßen fünf oder sechs Männer. Sie wollten den beiden, die wir an Bord behalten hatten, Adieu sagen und brachten ihnen Fisch. Uns gaben sie zu verstehen, dass sie das Kreuz nicht niederreißen würden, indem sie mehrere Ansprachen hielten, die wir nicht verstanden.

Am folgenden Tag, dem fünfundzwanzigsten des Monats, war der Wind günstig, und wir legten vom Hafen ab. Als wir außerhalb des Flusses waren, segelten wir nach Ostnordost, da von dem Land am Fluss aus das Land eine Bucht in Form eines Halbkreises bildete[79], deren gesamte Küste wir von unseren Schiffen aus sehen konnten. Auf dem Weg sahen wir das Land[80], das sich von Südost nach Nordwest erstreckte. Die Gegend lag vom Fluss aus in etwa zwanzig Meilen Entfernung.

Von Montag, dem Siebenundzwanzigsten an, die Sonne im Westen, fuhren wir an diesem Land entlang, das sich, wie gesagt von Südost nach Nordwest erstreckt, bis zum Dienstag. Dann sahen wir ein anderes Kap[81], wo das Land beginnt, sich nach Osten hin abzuflachen, und kreuzten fünfzehn Meilen weit; dann beginnt das Land, flacher zu werden. Doch drei Meilen von diesem Kap entfernt beträgt die Lottiefe vierundzwanzig Faden, und es gibt Seetang. Das

---

79 Die Enge zwischen der Gaspé-Halbinsel und der Île d'Anticosti.
80 Île d'Anticosti.
81 Die Südspitze der Île d'Anticosti (Heath Point).

gesamte Land ist flach und hat den größten Waldbestand, den wir je gesehen und entdeckt hatten, mit schönem Grünland und wundervollen grünen Feldern. Das Kap wurde Cap St. Louis genannt, weil dieser Tag der Festtag des Heiligen war, und es liegt auf neunundvierzigeinviertel Grad Breite und dreiundsechzigeinhalb Grad Länge.

Am Mittwochmorgen waren wir östlich des Kaps und segelten nach Nordwesten, um das Land bis etwa Sonnenuntergang an der Küste entlang zu erforschen. Es erstreckt sich nach Süden hin, vom Cap St. Louis aus bis zu einem anderen Kap mit Namen Cap de Monmorancy[82]. Etwa fünfzehn Meilen vom Kap entfernt beginnt das Land nach Nordosten hin flacher zu werden. Wir bemühten uns, drei Meilen etwa vom Kap entfernt zu loten, und konnten bei einhundertfünfzig Faden noch keinen Grund finden. Wir kreuzten an diesem Land etwa zehn Meilen weit bis zur Höhe des fünfzigsten Breitengrades. Am Samstag, dem ersten August, als die Sonne aufging, entdeckten und sahen wir weitere Landstriche nördlich und nordöstlich von uns, sie waren unglaublich hoch und mit Bergen bedeckt, zwischen uns und ihnen gab es Tiefland mit Wäldern und Flüssen. Wir fuhren dort entlang, rechts und links von uns Land, und fuhren nach Nordosten, um zu sehen, ob es eine Bucht oder eine Passage war, bis zum fünften Tag des Monats. Von einem Land zum anderen sind es etwa fünfzehn Meilen. Die Mitte liegt auf fünfzigeindrittel Grad Breite. Doch wir konnten nicht weiter als etwa fünfundzwanzig Meilen hineingelangen, es gab starke Winde und Gezeiten dort. Wir fuhren bis zur engsten Stelle, wo man leicht von einem zum anderen Land hin sehen kann und wo es beginnt, sich zu verbreitern. Und da wir durch den starken Wind zurück-

---

82 Cap de la Table (Table Head).

fielen, fuhren wir mit unseren Beibooten an Land, um bis zu einem Kap des Landes im Süden zu kommen[83], das das längste und am weitesten ins Meer vorspringende Kap war, das wir gesehen hatten, etwa fünf Meilen. Als wir ankamen, entdeckten wir, dass es Felsen und ausgewaschenen Grund gab, was wir seit dem Cap Saint Jean[84] nach Süden hin nirgendwo gefunden hatten. Zu dieser Stunde war Ebbe, die nach Westen hin Gegenwind mit sich brachte, so dass, als wir entlang der Küste ruderten, eines unserer Beiboote einen Felsen touchierte und sofort Schlagseite bekam, so dass wir herausspringen mussten, um es wieder im Wasser zu richten.

Nachdem wir etwa zwei Stunden lang die Küste entlang gerudert, hatten, begann die Flut, die von Westen her auf uns zukam, und zwar so gewaltig, dass es uns nicht möglich war, mit dreizehn Riemen auch nur noch einen Steinwurf weiter nach vorne zu rudern. Wir mussten die Beiboote verlassen und ließen einige Männer zur Bewachung zurück, dann gingen zehn oder zwölf Männer zu Fuß zum Kap[85], wo wir herausfanden, dass das Land nach Südwesten hin flacher wird. Nachdem wir dies gesehen hatten, kehrten wir mit den Booten zurück zu unseren Schiffen, die unter Segel standen, immer in der Hoffnung, nach vorne weiterzukommen. Sie waren von der Stelle aus, wo wir sie verlassen hatten, mehr als vier Meilen in Windrichtung zurückgefallen. Als wir beim Schiff ankamen, versammelten wir alle Kapitäne, Steuermänner, Bootsmänner und Seeleute, um die Meinung darüber einzuholen, was jetzt zu tun gut sei. Einer nach dem anderen sagte, dass unter Berücksichtigung der Tatsache

---

83 Cap de Rabast.
84 Cap-à-l'Anguille (Cape Anguille).
85 Cap de Rabast.

der kräftigen stromaufwärts wehenden Winde und der sehr starken Gezeiten, so stark, dass man nur noch zurückfiel und es nicht möglich war, in dieser Saison noch weiter zu gelangen, des weiteren, da in dieser Zeit auch die Stürme in Neufundland beginnen und wir weit genug gekommen waren und die Gefahren nicht kannten, die zwischen den beiden lagen, sei es an der Zeit sei, zurückzukehren oder dort zu verweilen. Vor allem, wenn uns eine Windrichtungsänderung von Norden her erfassen würde, wäre man gezwungen zu bleiben. Nach der Meinungsbildung gelangten wir mit großer Mehrheit zur der Auffassung, dass wir wenden sollten. Da wir am Tag des heiligen Petrus an dieser Meerenge angekommen waren, nannten wir sie Saint Pierre[86]. Wir haben sie an verschiedenen Stellen ausgelotet und an einigen davon einhundertsechzig Faden gemessen, an einer anderen hundert, näher am Land waren es fünfundsiebzig, überall mit ausgewaschenem Grund.

Von diesem Tag an bis zum Mittwoch hatten wir günstigen, stark wehenden Wind und kreuzten von Nord nach Ostsüdost und Westnordwest, denn so erstreckt sich das Land, außer einer Einbuchtung und einem Kap mit Tiefland[87], die mehr nach Südost gehen, etwa fünfundzwanzig Meilen von diesem Ort entfernt. Dort sahen wir Rauch, den die Leute dieses Landes auf dem Kap machten. Da der Wind zur Küste hin drehte, näherten wir uns nicht. Als sie sahen, dass wir nicht näher kamen, kamen sie mit zwei Booten, etwa zwölf Männer, die so offen an unsere Schiffe herankamen, als wären sie Franzosen. Sie gaben uns zu verstehen, dass sie aus der großen Bucht[88] kämen und

---

86 Die Durchfahrt nördlich der Île d'Anticosti.
87 Enge und Pointe Natashquan.
88 Die Einfahrt in den Sankt-Lorenz-Golf, von der Belle-Isle her.

bei Kapitän Thiennot gewesen seien, der sich an diesem Kap aufhielt. Dann bedeuteten sie uns, dass sie in ihr Land zurückkehren würden, dorthin, von wo wir kamen, und dass die Schiffe aus der Bucht ausgelaufen seien, mit Fisch voll beladen. Wir nannten dieses Kap das Cap Thiennot[89].

Von diesem Kap aus erstreckt sich das Land von Ostsüdost nach Westnordwest und ist insgesamt niedriges Land, sehr schön, ganz mit Sand umgeben; dort gibt es Meer mit Riffen und Untiefen bis etwa zwanzig Meilen weiter, wo das Land beginnt, sich nach Westen und Ostnordost hin auszurichten. Es ist vollständig von Inseln umgeben, die zwei oder drei Meilen vom Festland entfernt liegen; in dieser Gegend gibt es in einer Entfernung von über vier oder fünf Meilen vom Festland aus gefährliche Untiefen.

Von diesem Mittwoch bis zum Samstag hatten wir starken Südwestwind und segelten nach Ostnordost. Dann suchten wir das westliche Land von Neufundland zwischen Granges[90] und dem Cap Double[91] auf. Doch der Wind ging auf Ostnordost, wurde tobend und stürmisch. Wir ließen das Kap im Nordnordwesten und versuchten, den nördlichen Küstenstreifen[92] zu erreichen, der wie der vorige vollständig von Inseln umgeben ist. Als wir direkt bei diesem Land und den Inseln waren, schwächte sich der Wind plötzlich ab und drehte auf Süd, und wir segelten in die Bucht. Am nächsten Tag, dem neunten August, fuhren wir in Blanc Sablon ein.

---

89 Pointe Natashquan.
90 Die Anhöhen bei Saint-Jean (Neufundland).
91 Pointe Riche (Rich Point).
92 Die Nordküste des Golfes.

Ende der Entdeckungen

Dann, am fünfzehnten Tag des Monats August, am Festtag Mariä Himmelfahrt, verließen wir nach der Heiligen Messe gemeinsam den Hafen von Blanc Sablon, und bei gutem Wetter fuhren wir ins Meer zwischen Neufundland und der Bretagne. Dort hatten wir drei Tage lang einen großen Sturm mit Winden stromaufwärts, den wir mit der Hilfe Gottes durchlitten und durchstanden. Danach war das Wetter günstig, so dass wir den Hafen von Saint Malo, von dem aus wir aufgebrochen waren, am fünften Tag des Septembers in diesem Jahr erreichten.

Zweite Reise

KURZER BERICHT UND KNAPPE ERZÄHLUNG
DER 1535 UND 1536 VON KAPITÄN JACQUES
CARTIER DURCHGEFÜHRTEN SEEREISE ZU
DEN INSELN VON KANADA, HOCHELAGE (SIC!)
UND SAGUENAY UND WEITEREN, MIT DER
BESONDERHEIT DER GEBRÄUCHE, SPRACHE
UND ZEREMONIEN DER DORTIGEN BEWOHNER:
SEHR ERQUICKLICH ZU BETRACHTEN.[1]

Dem Allerchristlichsten König

Unter Berücksichtigung, mein gefürchteter Fürst, der großen Wohltaten und Gnadengabe, die es Gott dem Schöpfer gefallen hat, seinen Geschöpfen zukommen zu lassen, unter anderem, die Sonne, welche Leben und Bewusstsein all jener ist und ohne die nichts Frucht tragen noch etwas hervorbringen kann, dort ein- und festzusetzen, wo sie ihre Bewegung vollzieht, und die Deklination, entgegen den anderen Planeten und ihnen nicht ähnlich; durch diese Bewegung und Deklination sind alle Geschöpfe auf der Erde an dem Ort und der Stelle, wo sie sein können und haben, oder können haben, in dem Jahr der Sonne, das 365 Tage und sechs Stunden lang ist, denselben Anblick, die einen wie die anderen. Es ist durch ihre Strahlen und ihr Scheinen an den einen Orten nicht so heiß und brennend wie an anderen, und die Aufteilung der Tage und Nächte erfolgt nicht gleichermaßen. Jedoch ist es ausreichend, dass es diese Aufteilung gibt und so hohe Temperaturen, dass die ganze Erde, in welcher klimatischen Zone auch immer, bewohnt ist oder bewohnt werden kann; und diese (Regionen) mit ihren Gewässern, Bäumen,

---

1   Diese Reise begann 1535 und endete 1536.

Kräutern und anderen Schöpfungen, welcher Art und Sorte auch immer, können durch den Einfluss dieser Sonne gemäß ihrer Natur Früchte und Samen hervorbringen, für das Leben und die Ernährung der menschlichen Geschöpfe. Manche wollen das Gegenteil hiervon sagen, indem sie die Worte der weisen Philosophen vergangener Zeit zitieren. Diese haben die Erde in ihren Schriften in fünf Zonen eingeteilt, von denen sie drei als unbewohnt bezeichnen, nämlich die glühend heiße Zone, welche zwischen den beiden tropischen oder Sonnenwendzonen liegt, wo die Sonne im Zenit über den Köpfen der Bewohner vorbeizieht. Und die anderen beiden, die arktische und die antarktische Zone, wegen der großen Kälte, die dort herrscht aufgrund der geringen Erhebung der Sonne dort und aus anderen Gründen. Ich bekenne, dass sie so schrieben, und ich glaube fest daran, dass sie so dachten und dies wegen einiger natürlicher Gründe, woraus sie ihre Grundlage nahmen, vorfanden, dass sie sich aber nur damit zufriedengaben, ohne etwas zu wagen oder sich selbst in die Gefahren zu bringen, in die sie geraten könnten bei dem Versuch, das, was sie gesagt haben, auch zu erfahren. Doch ich sage als Antwort darauf, dass der Fürst dieser Philosophen in den Schriften einen Hinweis mit großer Tragweite geäußert hat: »Experientia est rerum magistra« [»Die Erfahrung ist die Lehrmeisterin der Dinge«]. Aufgrund dieser Belehrung wage ich es, diese Ansicht Eurer Majestät darzubieten, als Prolog meiner kleinen Arbeit. Denn die einfachen Seeleute der Gegenwart, die, Eurem königlichen Befehl folgend, nicht derart große Furcht davor hatten, das Wagnis dieser Verderbnisse und Gefahren einzugehen, wie jene, haben den Wunsch, Euch untertänigst darin zu dienen, den heiligen christlichen Glauben zu mehren, und haben das Gegenteil der Meinung der genannten Philosophen kennengelernt, durch wirkliche Erfahrung.

Ich habe obiges zitiert, weil ich beobachte, dass die Sonne, die sich jeden Tag im Orient erhebt und im Okzident zurückzieht, ihren Weg und Kreislauf auf der Erde vollzieht, indem sie der ganzen Welt 24 Stunden lang, was einem natürlichen Tag entspricht, Licht und Wärme spendet, und zwar ohne jegliche Unterbrechung ihrer Bewegung und ihres natürlichen Laufes. Gemäß diesem Beispiel denke ich mit meinem schwachen Verständnis und ohne weitere Gründe anzuführen, dass es Gott in seiner Güte gefällt, dass alle menschlichen, existierenden und auf dem Erdball wohnenden Kreaturen, so, wie sie diese Sonne sehen und erfahren, Kenntnis und Wachstum unseres heiligen Glaubens haben sollen, jetzt und in Zukunft. Denn zuerst wurde unser heiliger Glaube im Heiligen Land gesät und gepflanzt, welches sich in Asien, im Orient (östlich) unseres Europa, befindet, und dann wurde er in der Zeitenfolge bis zu uns gebracht und verbreitet, und schließlich in den Okzident unseres Europa, nach dem Beispiel der Sonne, die, wie gesagt, ihre Helligkeit und Wärme vom Orient in den Okzident bringt. Und ebenso haben wir unseren heiligen Glauben viele Male an einigen Orten durch böswillige Häretiker und falsche Gesetzgeber verdunkelt gesehen, und danach strahlte er in gleicher Weise neu und zeigte seine Helligkeit noch deutlicher als zuvor. Auch jetzt, in der heutigen Zeit, sehen wir, wie die böswilligen Lutheraner, Apostaten und Nachahmer von Mohammed sich Tag für Tag bemühen, ihn zu bedrängen und schließlich ganz auszulöschen, wenn Gott und die wahren Unterstützer des Glaubens dort nicht durch tödliche Gerechtigkeit Ordnung schaffen, was man in Eurem Land und Königreich durch die Wohlordnung und Polizei, die Ihr dort eingesetzt habt, jeden Tag sehen kann. Ebenso sieht man, wie im Gegensatz zu jenen Kindern des Satans die christlichen Fürsten und wahren Säulen der katholischen Kirche sich bemühen, diese zu erhöhen und so wachsen zu lassen, wie es der Katholische König von Spanien[2] in den Ländern getan hat, die auf seinen Befehl hin westlich seiner Länder und Königreiche entdeckt worden sind, Länder, die uns vorher unbekannt und fremd waren und die sich außerhalb unseres Glaubens befanden, wie Neuspanien, Isabella, das Festland[3] und weitere Inseln, wo man zahllose Völker gefunden hat, die getauft und unserem heiligen Glauben zugeführt wurden.

Und nun, bei der jetzigen Seereise, die aufgrund Eures königlichen Befehls ausgeführt wurde zur Entdeckung westlicher Länder, die in derselben Klimazone und auf denselben Breitengraden liegen wie Eure Länder und Euer Königreich, und welche Euch und uns vorher nicht bekannt waren, könnt Ihr die Wohlbeschaffenheit und Fruchtbarkeit jener Länder sehen und erfahren, des weiteren die zahllose Menge der Völker und Bewohner, deren Güte und Friedfertigkeit, und gleichermaßen die Ergiebigkeit des großen Stromes[4], der die Mitte Eurer Ländereien durchzieht und begießt. Dieser Strom ist der allergrößte, unvergleichlich, den man je gesehen hat. Diese Dinge geben jenen, die sie gesehen haben, eine gewisse Hoffnung auf die zukünftige Mehrung unseres heiligen Glaubens, Eurer Lehnsherrschaften und Eures allerchristlichsten Namens. Und so wird es Euch gefallen, dies im vorliegenden Buch zu betrachten, in dem in reichhaltiger Weise alle Dinge enthalten sind, die es würdig sind, festgehalten zu werden, Dinge, die wir auf der genannten Seereise und bei unserem Aufenthalt in den Euch genannten Ländern und Landschaften gesehen haben und die uns begegnet sind.

---

2   Der spätere Kaiser Karl V. war seit 1516 König von Spanien.
3   Neuspanien war Mexiko, Isabelle war Kuba, Terre Ferme war vermutlich das Festland ab dem Isthmus von Panama südwärts.
4   Der Sankt-Lorenz-Strom.

Am Sonntag, dem Pfingstfest und sechzehnten Mai des Jahres Fünfzehnhundertfünfunddreißig, auf Befehl des Kapitäns[5] und gemäß dem Willen aller, beichtete jeder, und wir alle empfingen gemeinsam unseren Schöpfer in der Kathedralkirche von Saint-Malo. Danach stellten wir uns in den Chor dieser Kirche, vor den Ehrwürdigen Vater, Seine Exzellenz von Saint-Malo, der uns in seiner Eigenschaft als Bischof seinen Segen gab.[6]

Und am folgenden Mittwoch, dem neunzehnten Tag des Monats Mai, war der Wind günstig und passend. Wir liefen mit drei Schiffen aus, mit der *Grand Hermine* mit etwa einhundert bis einhundertzwanzig Tonnen und dem genannten Generalkapitän, dem Steuermann Thomas Fromond[7], außerdem Claude du Pontbriand[8], dem Sohn des Seigneur de Montreal und Mundschenk des Monsieur le Dauphin, Charles de La Pommeraye[9] und weiteren edlen Herren. Auf dem zweiten Schiff mit Namen *Petite Hermine* und etwa sechzig Tonnen war unter dem genannten Cartier[10] Herr Macé Jalobert[11] Kapitän und Guillaume le Marié[12] war Steuermann; auf dem dritten Schiff, das *Emerillon* hieß, mit etwa vierzig Tonnen, waren Guillaume le Breton[13] der Ka-

---

5   Jacques Cartier.
6   Da Bischof Denis Briçonnet erkrankt war, erteilte der Koadjutor François Bahier den Segen.
7   Er stammte aus La Bouille bei Rouen; er begleitete Cartier auch auf der dritten Reise.
8   Vermutlich der Sohn von Pierre de Pontbriand, Seigneur de Montréal (Dept. Gers, Frankreich).
9   Neffe von Olivier de La Pommeray, Domherr in Saint-Malo und Erzdiakon von Dinan.
10 Die ursprüngliche Absicht war, im Verband zu segeln.
11 Schwager Cartiers.
12 Bruder eines späteren Domherrn von Saint-Malo.
13 Sohn von Guillaume Le Breton, Sieur de la Bastille.

pitän und Jacques Maingard[14] der Steuermann. Wir segelten bei gutem Wetter bis zum sechsundzwanzigsten Tage des Monats Mai, als das Wetter sich änderte, tobend wurde und auf Sturm ging und mit widrigen Winden und Dunkelheit solange anhielt, wie es noch kein Schiff erlebt hatte, das dieses Meer durchfuhr, ohne Besserung, so dass wir drei Schiffe uns am fünfundzwanzigsten Tag des Juni aufgrund dieses schlechten Wetters und der Dunkelheit verloren, ohne dass wir Nachrichten voneinander erhalten hätten, und zwar bis nach Neufundland, wo wir vereinbart hatten, uns alle gemeinsam einzufinden.

Nachdem wir uns aus den Augen verloren hatten, waren wir mit dem Hauptschiff, die ganze Zeit mit widrigem Wind, bis zum siebten Juli unterwegs, als wir in Neufundland ankamen und auf der Vogelinsel[15] an Land gingen, welche vierzehn Meilen vom großen Land entfernt liegt. Diese Insel ist so voller Vögel, dass alle Schiffe Frankreichs sich leicht damit beladen könnten, ohne dass man bemerken würde, dass man welche dort entnommen hat. Wir nahmen zwei Beibootladungen davon mit als Teil unseres Proviants. Diese Insel liegt auf neunundvierzig Grad, vierzig Minuten Breite. Am achten Tag des Monats legten wir von dieser Insel ab und kamen bei gutem Wetter am fünfzehnten im Hafen von Blanc Sablon an, der in der Châteaux-Bucht[16] liegt. Dies ist der Ort, an dem wir uns treffen sollten. Dort warteten wir auf unsere Gefährten bis zum sechsundzwanzigsten Tag, an dem sie beide zusammen ankamen. Dann nahmen wir dort Wasser, Holz und weitere notwendige Dinge auf. Wir legten ab und setzten die Segel, um am neunundzwanzigsten

---

14 Wohlhabender Bürger von Saint-Malo; Cartier war der Pate eines seiner Kinder.
15 Funk Island.
16 Die Meerenge bei Belle-Isle.

Juli bei Anbruch des Tages weiterzufahren, und segelten von Norden die Küste entlang, die sich nach Ostnordost und Westsüdwest erstreckt, bis etwa acht Uhr abends. Dann holten wir die Segel ein, vor zwei Inseln, die sich weiter hinaus erstrecken als die anderen. Wir nannten die Inseln Sainct Guillaume[17]; sie liegen etwa zwanzig Meilen jenseits des Hafens von Brest[18]. Die ganze Küste von der Châteaux-Bucht bis hierher erstreckt sich von Ostnordost nach Westsüdwest und ist von vielen Inseln und sehr zerklüftetem und steinigem Land umgeben, ohne Erde oder Wälder, außer in einigen Tälern.

Am nächsten Tag, dem vorletzten des Monats Juli, fuhren wir nach Westen, um weitere Inseln zu erforschen, die von uns aus in etwa zwölfeinhalb Meilen Entfernung lagen und zwischen denen es eine Einbuchtung nach Norden hin gab, ganz aus Inseln, und eine große Bucht, wo es gute Häfen zu geben schien. Wir nannten die Inseln Saincte Marthe[19]: Außerhalb der Inseln, etwa nach eineinhalb Meilen im Meer, gibt es eine sehr gefährliche Untiefe mit vier oder fünf Spitzen, die in Richtung der Buchten auf der Ost- und West-Route der Inseln Saincte Marthe liegen, etwa sieben Meilen weiter. Wir suchten diese Inseln etwa eine Stunde nach Mittag auf. Dann fuhren wir an diesem Tag bis zum Wenden der Sanduhr etwa fünfzehn Meilen bis vor ein Kap niedriger Inseln, die wir Sainct Germain-Inseln[20] nannten. Südöstlich des Kaps, etwa drei Meilen davon entfernt, gibt es eine weitere, sehr gefährliche Untiefe[21]. Und auch zwischen

---

17 Die Benennung erfolgte am 29. Juli, Fest des heiligen Wilhelm (Saint-Guillaume).
18 Baie du Vieux-Fort (Old Fort Bay).
19 Îles Harrington.
20 Nicht sicher zu bestimmen.
21 South Maker's Ledge, ca. 10 km südöstl. von Cape Whittle.

dem Cap Sainct Germain[22] und Saincte Marthe[23] gibt es eine Bank etwa zwei Meilen außerhalb der Inseln, bei der die Lottiefe nur vier Faden beträgt[24]. Und wegen der Gefährlichkeit dieser Küste holten wir die Segel ein und segelten in der Nacht nicht weiter.

Am nächsten Morgen, dem letzten Julitag, fuhren wir die Küste entlang, die sich nach Ost und West Viertel Südost erstreckt und die ganz von Inseln, Untiefen und einer sehr gefährlichen Küste umgeben ist: Sie ist vom Kap der Sainct Germain-Inseln aus bis zum Ende der Inseln etwa siebzehneinhalb Meilen lang. Am Ende der Inseln gibt es sehr schönes Tiefland, voll mit großen, hohen Bäumen. Diese Küste ist ganz von Sand umgeben, ohne den Anschein eines Hafens, bis zum Cap Thiennot[25], das nach Nordwesten hin flacher wird und etwa sieben Meilen von den Inseln entfernt liegt. Dieses Kap kannten wir von der vorherigen Reise, und deshalb segelten wir die ganze Nacht nach Westnordwest bis zum folgenden Tag. Dann gab es widrigen Wind, und wir suchten einen Hafen, wo wir mit unseren Schiffen anlegten; es ist ein schöner, kleiner jenseits des Cap Thiennot, etwa siebeneinhalb Meilen weiter. Dieses liegt zwischen vier Inseln, die ins Meer hinausragen. Wir nannten den Hafen Sainct Nicolas[26], und auf der uns nächsten Insel errichteten wir ein großes Kreuz aus Holz als Markierungszeichen. Man muss das Kreuz nordöstlich lassen und dann in seine Richtung fahren und es bei Steuerbord lassen. Dann findet man sechs Faden Tiefe. Man muss auf zwei Untiefen aufpassen, die eine halbe Meile von den beiden Küsten entfernt liegen.

---

22 Cape Whittle.
23 Îles Harrington.
24 Récifs Sainte-Marie.
25 Pointe Natashquan.
26 Vermutlich Baie Mascanin.

Die gesamte Küste ist sehr gefährlich und voller Untiefen. Obwohl es dort mehrere Häfen zu geben scheint, gibt es nur Untiefen und Sandbänke. Im genannten Hafen blieben wir von diesem Tag an bis zum Sonntag, dem achten August. An diesem Tag liefen wir aus und suchten das Land von dort aus in Richtung Süden zum Cap de Rabast[27] auf, welches etwa zwanzig Meilen von diesem Hafen entfernt liegt und sich nordnordöstlich und südwestlich erstreckt. Am folgenden Tag gab es widrigen Wind, und deshalb fanden wir keine Häfen in diesem südlichen Land, weshalb wir nach Norden segelten, über den vorhergehenden Hafen etwa zehn Meilen hinaus[28], wo wir eine sehr schöne und große Bucht fanden, voller Inseln, guter Einfahrten und mit einem Ankerplatz, geschützt vor allen möglichen Winden. Um diese Bucht wiederzuerkennen: Es gibt dort eine große Insel, wie ein Festlandskap, die sich weiter als die anderen hinaus erstreckt[29]. Und auf dem Festland, nach etwa zwei Meilen, gibt es einen Berg, der geformt ist wie ein Haufen Korn. Wir nannten diese Bucht die Baie Sainct Laurens.

Am dreizehnten Tag des Monats verließen wir die Sainct-Laurens-Bucht und segelten nach Westen, um ein Landkap nach Süden hin aufzusuchen[30], welches etwa in Richtung West Viertel Südwest des Hafens Sainct Laurens und in einer Entfernung von fünfundzwanzig Meilen liegt. Durch die beiden Wilden, die wir bei der ersten Reise mitgenommen hatten[31], wurde uns gesagt, dass man von diesem Land aus nach Süden fährt und dort eine Insel[32]

---

27 Auf der Île d'Anticosti.
28 Baie Mascanin.
29 Île Sainte-Geneviève.
30 Pointe de l'Ouest auf der Île d'Anticosti.
31 Domagaya und Taignoagny.
32 Île d'Anticosti.

ist, und in Richtung Süden von dieser Insel aus der Weg liegt, um nach Honguedo[33] zu gelangen, wo wir sie im vorigen Jahr in Kanada mitgenommen hatten. Und dass zwei Tagesreisen von diesem Kap und dieser Insel[34] entfernt das Königreich von Saguenay beginnt, auf dem Festland nach Norden hin und in Richtung Kanada. In Richtung des Kaps, etwa drei Meilen entfernt, beträgt die Wassertiefe einhundert Faden und mehr, und man kann sich nicht erinnern, jemals so viele Wale gesehen zu haben wie an diesem Tag vor dem Kap.

Am Tag Unserer lieben Frau, dem 15. August, hatten wir die Meerenge in der Nacht davor passiert[35], und am Tag entdeckten wir Festland, das von uns aus im Süden lag und unglaublich hohe Berge hat, darunter das Kap der Insel, die wir Isle de l'Assomption[36] nannten, und ein Kap dieser hohen Gegenden; sie erstrecken sich Ostnordost und Westsüdwest, und zwischen ihnen liegen fünfundzwanzig Meilen, und im Norden sieht man noch höhere Berge als die im Süden, in mehr als dreißig Meilen Entfernung. Von diesem Tag an bis zum Dienstagmittag kreuzten wir an diesem Land entlang. Dann ging der Wind auf West und wir ließen das Kap im Norden, um zu diesem hohem Land zu fahren, das wir sahen. Als wir dort ankamen, fanden wir das Land flach und tief zum Meer hin und die Berge nach Norden hin hinter dem Flachland; das Land erstreckt sich Ost und West Viertel Südwest. Und von den Wilden, die wir bei uns hatten, wurde uns gesagt, dass dies der Beginn des Herrschaftsbereichs von Saguenay war und bewohntes Land, und dass von dort das Kupfer kam, das sie »Caignetdazé«

---

33 Gaspé.
34 Pointe de l'Ouest auf der Île d'Anticosti.
35 Die Nacht von Samstag, 14. auf Sonntag, 15. August 1535.
36 Vermutlich Île d'Anticosti.

nennen. Zwischen dem Land im Süden und dem im Norden liegen etwa dreißig Meilen, und es gibt eine Wassertiefe von über zweihundert Faden. Und die Wilden bestätigten, dass das der Weg und der Beginn des großen Flusses von Hochelaga und der Weg nach Kanada sei, der, immer enger werdend, bis nach Kanada führte[37], und dann fände man Süßwasser, das so lang sei, dass noch kein Mensch, von dem sie gehört hätten, an dessen Ende gewesen sei, und dass es keinen anderen Weg gebe als mit dem Boot. Und als er hörte, was sie sagten und bestätigten, dass es keine andere Passage gab, wollte der Kapitän nicht weiter fahren, bis er den Rest des Festlandes und der Küste nach Norden hin gesehen hatte, die er von der Bucht Sainct Laurens[38] aus zu sehen unterlassen hatte, um das Land nach Süden zu besichtigen, und um zu sehen, ob es dort eine Passage gab.

Wie unser Kapitän die Schiffe zurückfahren ließ, bis er die Baye Sainct Laurens erkundet hatte, um zu sehen, ob es dort eine Passage nach Norden gab.

Am Mittwoch, dem 18. August, ließ unser Kapitän die Schiffe zurückfahren und das Kap auf der anderen Seite (der Schiffe) liegen. Wir kreuzten an dieser Küste, die sich von Nordost nach Südwest erstreckt, nach Norden, indem wir einen halben Bogen beschrieben. Es ist ein sehr hohes Land, nicht wie das Land im Süden. Und wir kamen am darauffolgenden Donnerstag bei sieben sehr hohen Inseln an. Wir nannten sie Isles Rondes[39]; sie liegen etwa vierzig Meilen vom

---

37 Gemeint ist das heutige Quebec City.
38 Baie Sainte-Geneviève.
39 Der Archipel Sept-Îles.

Festland des Südens entfernt und dehnen sich drei oder vier Meilen ins Meer hinein. Dort beginnen niedrige Landstriche voll mit schönen Bäumen, wo wir am Freitag mit unseren Beibooten vorbeifuhren. In deren Richtung gibt es mehrere Sandbänke in mehr als zwei Meilen Entfernung davor im Meer, sehr gefährlich, man entdeckt sie bei Ebbe. Am Ende des Flachlandes, das etwa zehn Meilen ins Land geht, gibt es einen Fluss mit Süßwasser[40], der ins Meer mündet; das Wasser ist nach einer Meile Entfernung vom Meer ebenso frisch wie Quellwasser. Wir fuhren mit unseren Booten in diesen Fluss hinein und fanden in der Einfahrt nur eineinhalb Faden Lottiefe. In dem Fluss gibt es mehrere Fische, die die Form eines Pferdes haben, nachts an Land gehen und tagsüber ins Meer; so wurde es uns von unseren beiden Wilden berichtet. Von diesen Fischen sahen wir eine große Zahl in dem Fluss.[41]

Am einundzwanzigsten des Monats setzten wir im Morgengrauen die Segel und segelten an der Küste entlang, solange, bis wir den Rest der Nordküste erforscht hatten, welchen wir noch nicht gesehen hatten, und die Isle de l´Assomption[42], die wir vom Festland aus aufsuchen wollten. Und als wir sicher waren, dass wir die gesamte Küste entlang gefahren waren, und dass es keine Passage gab, kehrten wir zu unseren Schiffen zurück, die bei den sieben Inseln lagen, wo es bei achtzehn und zwanzig Faden Tiefe und Sandboden gute Reede gibt. An diesem Ort blieben wir, ohne auslaufen oder die Segel setzen zu können, da es Nebel und widrigen Wind gab, und zwar bis zum vierundzwanzigsten Tag des Monats, an dem wir abfuhren. Und dann fuhren wir im Meer bis zum 29. des Monats. Wir gelangten zu einem Hafen an der Südküste[43],

---

40   Der Fluss Moisie.
41   Wale? Walrösser?
42   Île d'Anticosti.
43   Le Bic.

etwa achtzig Meilen von den sieben Inseln entfernt. Man fährt in Richtung von drei flachen Inseln, die in der Mitte des Flusses liegen[44]. Und etwa auf halbem Weg zwischen den Inseln und dem Hafen, nach Norden hin, gibt es einen sehr großen Fluss[45] zwischen hohem und niedrigem Festland, der über drei Meilen ins Meer hinein Bänke hat. Es ist eine sehr gefährliche Gegend mit zwei oder weniger Faden Tiefe. Und der Kamm dieser Sandbänke beträgt von Rand zu Rand fünfundzwanzig und dreißig Faden. Diese gesamte Nordküste erstreckt sich von Nordnordwest nach Südsüdwest.

Der vorgenannte Hafen, wo wir ankerten und der am südlichen Festland liegt, ist ein Hafen mit Gezeiten und von geringer Güte. Wir nannten die Inseln Saint-Jehan-Inseln, weil wir an dem Tag dort einliefen, an dem dieser geköpft worden war. Bevor man in diesen Hafen gelangt, gibt es östlich davon, etwa fünf Meilen entfernt, eine Insel[46] wo es zwischen ihr und dem Festland keine Durchfahrt gibt, außer mit dem Boot. Der Hafen der Sainct-Jehan-Inseln läuft während der Gezeiten vollständig trocken, und es bleiben nur zwei Faden Wasser übrig. Der beste Ort zum Festmachen von Schiffen ist nach Süden hin, zu einer kleinen Insel, die mitten in diesem Hafen liegt, am Ufer dieser Insel.

Wir legten von diesem Hafen am ersten September ab, um nach Kanada zu fahren, und etwa fünfzehn Meilen vom Hafen entfernt in westsüdwestlicher Richtung gibt es drei Inseln[47] mitten im Strom, und in deren Richtung liegt ein sehr tiefer Fluss[48] mit starker Strömung; dies ist der Fluss und der Weg zum Königreich und Land Saguenay,

---

44 Îles du Bic.
45 Der Fluss Manicouagan.
46 Île Saint-Barnabé.
47 Île-aux-Basques, Île Verte und Île-aux-Pommes.
48 Der Fluss Saguenay.

so wurde es uns von unseren beiden Leuten aus dem Land
Kanada gesagt. Der Fluss liegt zwischen hohen Bergen aus
nacktem Fels, man sieht nur sehr wenig Erde. Dennoch
wächst dort eine große Menge Bäume verschiedener Arten,
die auf dem nackten Fels wachsen wie auf guter Erde. Wir
sahen einen Baum, der ausreichte, um ein Segelschiff mit
dreißig Tonnen mit Masten zu versehen, und so grün, wie
nur irgend möglich. Er stand auf einem Felsen, vollständig
ohne Erde. In der Einfahrt des Flusses entdeckten wir vier
Boote aus Kanada, die gekommen waren, um Seewölfe
und andere Fische zu fangen. Und als wir in dem Fluss[49]
ankerten, kamen zwei ihrer Boote zu unseren Schiffen. Sie
kamen voll Furcht und Angst, so dass eines sich wieder
zurückzog; das andere aber kam so nahe, dass sie einen
von unseren Wilden verstehen konnten, der seinen Namen
nannte und sich mit ihnen bekannt machte und sie sicher
an Bord holte.

Am folgenden, dem zweiten Tag des September, fuhren
wir aus dem Fluss wieder hinaus, um den Weg in Richtung Kanada zu nehmen, und stießen auf sehr starke und
gefährliche Gezeiten; denn vom Fluss aus nach Süden gibt
es zwei Inseln, und um diese Inseln herum gibt es über drei
Meilen weit nur zwei oder drei Faden Wassertiefe, übersät
mit Felsen, groß wie Fässer, und es herrschen so mächtige
Gezeiten zwischen diesen Inseln, dass wir fürchteten, ohne
Hilfe unserer Beiboote unsere Galeone zu verlieren. Auf
dem Kamm der Sandbänke gibt es eine Wassertiefe von
dreißig und mehr Faden. Wenn man an dem Saguenay-Fluss
und den Inseln vorbeifährt, etwa fünf Meilen nach Südwest,
gibt es eine andere Insel[50]; nördlich davon ist sehr hohes

---

49 Vermutlich die Baie de Tadoussac.
50 Île-aux-Lièvres.

Land, vor dem wir Anker werfen wollten, um uns für die Ebbe dort einzurichten. Doch einen Bogenschuss vom Festland entfernt fanden wir bei einhundertzwanzig Faden noch keinen Grund, so dass wir gezwungen waren, zur Insel zurückzukehren, wo wir bei fünfunddreißig Faden Tiefe und gutem Grund ankerten.

Am nächsten Morgen setzten wir die Segel und legten ab, um weiter hinaus zu fahren. Wir lernten eine Fischsorte kennen, in Bezug auf welche es keinerlei Erinnerung des Menschen daran gibt, sie jemals gesehen oder davon gehört zu haben. Diese Fische sind ebenso groß wie Tümmler, ohne irgendeine Flosse zu haben, und sind im Körperbau und am Kopf gestaltet wie ein Windhund, weiß wie Schnee und ohne einen einzigen Fleck. In diesem Fluss gibt es eine große Zahl davon, sie leben zwischen dem Meer und dem Süßwasser. Die Bewohner des Landes nennen sie »Adhothuys«. Und sie haben uns gesagt, dass die Fische sehr gut zu essen sind, und haben uns versichert, dass es sie im ganzen Fluss oder Land nirgendwo gebe als an dieser Stelle.

Am sechsten Tag des Monats fuhren wir bei günstigem Wind flussaufwärts, etwa fünfzehn Meilen weit. Dann ankerten wir bei einer Insel am nördlichen Festland, das dort eine kleine Bucht und Einbuchtung bildet. An dieser Stelle gibt es eine unglaubliche Menge großer Schildkröten um die Insel herum. Ebenso wie in der Umgebung des Festlandes kann man auch um diese Insel herum großen Fang an »Adhothuys« machen. Auch ist die Strömung rings um die Insel genauso stark wie vor Bordeaux, was Ebbe und Flut angeht. Die Insel ist etwa drei Meilen lang und zwei Meilen breit, es ist sehr gute, fette Erde, voller schöner und großer Bäume verschiedener Sorten. Darunter gibt es mehrere natürliche Haselnusssträucher, die mit Haselnüssen schwer beladen sind, ebenso groß wie die unsrigen und mit besserem Geschmack, aber etwas härter. Wir nannten die Insel entsprechend Isle es Couldres[51].

Am siebten Tag des Monats, dem Tag Unserer Lieben Frau, verließen wir, nachdem wir die Messe gehört hatten, diese Insel, um den Strom weiter hinauf zu fahren, und wir kamen zu vierzehn Inseln[52], die sieben bis acht Meilen von der Isle es Couldres entfernt liegen; es ist der Beginn des Landes und der Provinz Kanada. Unter diesen Inseln gibt es eine sehr große, etwa zehn Meilen lang und fünf Meilen breit[53], auf der Menschen wohnen, die viel Fischfang betreiben, und zwar unter allen Fischen, die in diesem Strom leben, je nach Saison, wovon weiter unten noch die Rede sein wird. Wir machten fest und ankerten zwischen dieser großen Insel und dem nördlichen Festland, gingen an Land und brachten die beiden Wilden, die wir bei der vorherigen Reise mitgenommen hatten, mit. Wir fanden mehrere Menschen des Landes vor, die zu fliehen begannen und sich uns nicht nähern wollten, bis dass unsere zwei Männer zu sprechen begannen und ihnen sagten, dass sie Taignoagny und Domagaya seien. Als sie jene erkannten, begannen sie, kindliche Freude zu zeigen, und vollzogen mehrere Zeremonien. Und die Anführer kamen zu unseren Booten, um zu sprechen; sie brachten uns viel Aal und andere Fische, zusammen mit zwei oder drei Ladungen grober Hirse, dem Brot, von dem sie in diesem Land leben, außerdem mehrere dicke Melonen. Am selben Tag kamen mehrere landestypische Boote zu unseren Schiffen, mit ebenso vielen Männern wie Frauen, um unsere beiden Männer zu sehen

---

51 (Île-aux-Coudres (auch heutiger Name).
52 Es sind über 20 Inseln; die wichtigsten sind Île-aux-Oies (Goose Island), Île-aux-Grues (Crane Island), Île Sainte-Marguerite (Margaret Island), Grosse Island und natürlich Île d'Orléans.
53 Île d'Orléans.

und willkommen zu heißen. Diese Menschen wurden von unserem Kapitän alle gut empfangen, der sie ehrte, wie er nur konnte; und um ihre Bekanntschaft zu machen, gab er ihnen einige kleine Geschenke von geringem Wert, worüber sie sich sehr zufrieden zeigten.

Am nächsten Tag kam der Herrscher von Kanada mit Namen Donnacona, den sie als Herrscher »Agouhanna« nennen, mit zwölf Booten und begleitet von mehreren Leuten, bis vor unsere Schiffe. Dann ließ er zehn davon sich zurückziehen und kam nur mit zwei Booten längsseits der Schiffe, begleitet von sechzehn Männern. Vor dem kleinsten unserer drei Schiffe begann der »Agouhanna«, eine Rede und Ansprache in der ihnen eigenen Art und Weise zu halten, wobei er seinen Körper und seine Glieder auf ganz erstaunliche Weise bewegte. Dies ist eine Zeremonie der Freude und des Vertrauens. Und als er beim Hauptschiff[54] angekommen war, auf dem sich Taignoagny und sein Gefährte befanden, sprach der Herrscher zu ihnen und sie sprachen zu ihm. Sie begannen ihm zu erzählen, was sie in Frankreich gesehen hatten, und von der guten Behandlung, die ihnen dort zuteil geworden war. Darüber war er sehr froh und bat unseren Kapitän, ihm seine Arme zu reichen, um sie zu küssen und ihn zu umarmen, was deren Landesart ist, um jemanden ehrenvoll zu begrüßen. Dann betrat unser Kapitän das Boot des »Agouhanna« und befahl, Wein und Brot zu bringen, damit der Herrscher und seine Schar trinken und essen konnten; dies geschah, und sie waren dessen sehr zufrieden. Für dieses Mal gab es kein weiteres Geschenk an den genannten Herrscher, man wartete den (passenden) Zeitpunkt und Ort ab. Nachdem diese Dinge so vollzogen worden waren, trennten sich die einen von den anderen und nahmen Abschied; dann

---

54 La Grande Hermine.

zog sich der »Agouhanna« zu seinen Booten zurück, um zurückzukehren und an seinen Wohnort zu fahren. Der Kapitän ließ seine Boote ausrüsten, um weiter zu fahren und mit der Flut den Strom weiter hinauf zu befahren, um einen Hafen und sicheren Ort zu finden, um die Schiffe dort festzumachen. Wir fuhren den Fluss etwa zehn Meilen entlang der Inselküste[55] weiter hinein. Und am Ende dieser Strecke fanden wir eine geschützte Stelle im Wasser vor, sehr schön und angenehm. Dort gibt es einen kleinen Fluss und einen Hafen mit einer Barriere zum Meer und zwei bis drei Faden Tiefe. Dies hielten wir für einen geeigneten Ort, um unsere Schiffe sicher festzumachen. Wir nannten diesen Fluss Saincte Croix[56], weil wir an diesem Tag dort ankamen. In der Nähe dieses Ortes gibt es ein Volk, dessen Herrscher Donnacona ist, es ist die Niederlassung, die Stadaconé heißt, ein Land so gut, wie man es sich nur vorstellen kann, und sehr fruchtbar, voller wunderschöner Bäume von derselben Natur und Art wie in Frankreich, wie zum Beispiel Eichen, Ulmen, Eschen, Nussbäume, Pflaumenbäume, Eiben, Zedern, Weinstöcke oder Weißdornbüsche, die Früchte tragen, dick wie Pflaumen aus Damaskus, sowie weitere Bäume. Unter ihnen wächst genauso guter Hanf wie in Frankreich, und zwar ohne gesät oder gepflegt zu werden. Nachdem er sich den Ort angesehen hatte und ihn für angemessen hielt, zog sich der Kapitän mit den anderen in die Beiboote zurück, um zu den Schiffen zurückzufahren. Und als wir aus dem Fluss herausfuhren, sahen wir vor uns einen der Herrscher des Volkes von Stadaconé, begleitet von vielen Menschen, Männern, Frauen und Kindern. Der Herrscher begann mit einer Rede nach Art und Weise des Landes, eine Rede der

---

55   Île d'Orléans.
56   Der Fluss Saint-Charles.

Freude und des Vertrauens, und die Frauen tanzten und sangen ohne Unterlass, wobei sie bis zu den Knien im Wasser standen. Unser Kapitän, der ihre aufrichtige Liebe und ihren guten Willen erkannte, ließ das Boot in die Richtung, wo er sich befand, näher kommen, und gab ihnen Messer und kleine Rosenkränze aus Glas, worüber sie eine erstaunliche Freude zeigten, so groß, dass wir zwar schon etwa eine Meile entfernt waren, sie aber immer noch singen, tanzen und Freude über unser Kommen zeigen hörten.

Wie unser Kapitän zu den Schiffen zurückkehrte und sie die Insel[57], deren Größe und Beschaffenheit, besichtigte, und wie er die Schiffe in den Fluss Saincte Croix führen ließ.

Nachdem wir mit unseren Beibooten bei den Schiffen angelangt und vom Fluss Saincte Croix zurückgekehrt waren, befahl der Kapitän, diese Beiboote vorzubereiten, um an der besagten Insel an Land zu gehen. Er wollte die Bäume sehen, die sehr schön anzusehen schienen, und die Beschaffenheit der Erde dieser Insel. Dies wurde getan, und als wir auf der Insel waren, fanden wir sie voller wunderschöner Bäume wie Eichen, Ulmen, Tannen, Zedern und andere Bäume, die von derselben Art wie die unsrigen waren. Wir fanden gleichermaßen viele Weinstöcke, die wir vorher im gesamten Land noch nicht gesehen hatten und weshalb wir die Insel Isle de Bacchus nannten. Die Insel hat eine Länge von etwa zwölf Meilen und ist ein sehr schön anzusehendes Land, doch voller Wälder und ohne jeglichen Anbau. Es gibt nur einige kleine Häuser, wo Fischfang nach der Art betrieben wird, wie es bereits erwähnt wurde.

---

57 Île d'Orléans.

Am nächsten Tag brachen wir mit unseren Schiffen auf, um sie an den Ort Saincte Croix zu führen, und wir kamen dort am vierzehnten des Monats September an. Da kamen Donnacona, Taignoagny und Domagaya mit fünfundzwanzig Booten zu uns, beladen mit Menschen, die von dem Ort kamen, von dem aus wir aufgebrochen waren. Sie fuhren nach Stadaconé, welches ihr Wohnort ist, und kamen alle zu unseren Schiffen, wobei sie große Freude zeigten, mit Ausnahme unserer beiden Männer, die wir mitgebracht hatten, also Taignoagny und Domagaya. Deren Sinn und Denken hatte sich vollkommen gewandelt, und sie wollten unsere Schiffe nicht mehr betreten, obwohl sie mehrere Male darum gebeten wurden. Das verursachte in uns einen gewissen Argwohn gegen sie. Der Kapitän fragte sie, ob sie mit ihm, wie sie es ihm versprochen hatten, nach Hochelaga[58] fahren würden, und sie antworteten mit Ja und dass sie entschlossen seien, dorthin zu fahren. Dann zog sich jeder zurück.

Am nächsten Tag, dem fünfzehnten, ging der Kapitän mit mehreren Männern an Land, um Stangen und Markierungen zu setzen, damit man die Schiffe noch sicherer festmachen konnte. An diesem Ort begaben sich mehrere Menschen des Landes an eine Stelle vor uns, darunter Donnacona, unsere beiden Männer und ihre Schar. Sie hielten sich entfernt unter einer Landspitze, die am Ufer eines Flusses[59] liegt, ohne dass einer von ihnen sich in unsere Richtung begab wie die anderen, die nicht zu ihrer Schar gehörten. Nachdem der Kapitän darauf aufmerksam gemacht wurde, dass diese sich dort befänden, befahl er einem Teil seiner Leute, mit ihm zu kommen, und sie gingen zu jenen unter der Spitze. Dort fanden sie Donnacona, Taignoagny, Domagaya und

---

58 Der Ort des heutigen Montréal.
59 Der Sankt-Lorenz-Strom.

einige weitere. Nachdem sie sich begrüßt hatten, kam Taignoagny nach vorne, um zu sprechen, und er sagte unserem Kapitän, der Herrscher Donnacona sei betrübt darüber, dass der Kapitän und seine Männer so viele Kriegsstöcke mit sich trügen, denn ihrerseits trügen sie keine. Darauf antwortete der Kapitän, dass er es aufgrund ihrer Betrübnis nicht unterließe, sie zu tragen, denn es sei Brauch in Frankreich, was er, Taignoagny, sehr wohl wisse. Doch trotz ihrer Worte unterließen es der Kapitän und Donnacona nicht, sich ehrenvoll zu empfangen. Dann erkannten wir, dass das, was Taignoagny gesagt hatte, nur von ihm und seinem Gefährten kam. Denn bevor sie den Ort verließen, gaben sich Donnacona und der Kapitän ein Vertrauenszeichen ganz erstaunlicher Art: Das ganze Volk des Herrschers Donnacona kniete nieder und schrie dreimal mit lauter Stimme, was ganz schrecklich anzuhören war. Dann nahmen sie voneinander Abschied, und wir kehrten für diesen Tag an Bord zurück.

Am folgenden Tag, dem sechzehnten, machten wir die beiden größten Schiffe im genannten Hafen und Fluss fest, wo bei Fluthöchststand drei Faden und bei Ebbeniedrigststand ein halber Faden Wassertiefe war; die Galeone ließen wir auf der Reede, um sie nach Hochelaga zu führen. Sobald die Schiffe im Hafen und sicher lagen, fanden sich vor diesen Schiffen Donnacona, Taignoagny, Domagaya und mehr als fünfhundert Menschen ein, Männer, Frauen und Kinder, und der Herrscher betrat mit zehn oder zwölf der wichtigsten Persönlichkeiten des Landes (das Schiff); sie wurden durch den Kapitän und weitere Männer nach ihrem Rang geehrt, man gab ihnen einige kleine Präsente. Taignoagny sagte unserem Kapitän, dass der Herrscher betrübt darüber sei, dass er nach Hochelaga ginge, der Herrscher wolle nicht, dass er, der gerade sprach, dorthin ginge, weil der Fluss nichts tauge. Durch den Kapitän wurde ihm geantwortet, dass er es trotz all dem nicht unterlassen werde, dorthin zu fahren, wenn es ihm möglich sei. Denn er habe Befehl des Königs, seines Herrn, soweit vorzudringen, wie er könne. Wenn aber Taignoagny dorthin gehen wolle, wie er es versprochen habe, werde man ihm ein Präsent geben, worüber er sehr zufrieden und geehrt sein könne. Sie müssten nur nach Hochelaga und wieder zurückkommen. Darauf antwortete Taignoagny, dass er keinesfalls dorthin ginge. Dann zogen sie sich in ihre Häuser zurück.

Am Tag darauf, dem siebzehnten des Monats, kamen Donnacona und die anderen wie vorher noch einmal zurück. Sie brachten eine große Menge Aal und andere Fischen, von denen sie im Strom reichen Fang machten und wovon später noch die Rede sein wird. Als sie vor unseren Schiffen angekommen waren, begannen sie zu singen und zu tanzen, wie sie es gewöhnlich taten. Nachdem sie dies getan hatten, ließ Donnacona alle seine Leute an einer Seite aufstellen und machte einen Kreis in den Sand. Dort hieß er unseren Kapitän und seine Leute hineintreten. Dann begann er mit einer feierlichen Rede, wobei er ein Mädchen von etwa zehn Jahren an der Hand hielt. Dann schenkte er es unserem Kapitän und sofort stießen die Leute des Herrschers drei Schreie aus, als Zeichen der Freude und Verbundenheit. Daraufhin präsentierte er zwei kleine Jungen geringeren Alters nacheinander, und sie vollzogen dieselben Schreie und Zeremonien wie vorher. Unser Kapitän dankte für dieses Geschenk des Herrschers. Dann sagte Taignoagny dem Kapitän, dass das Mädchen die Tochter der Schwester des Herrschers sei und einer der Jungen der Bruder dessen, der gerade sprach. Und man gebe sie ihnen mit der Absicht, dass er keinesfalls nach Hochelaga gehen solle. Darauf antwortete unser Kapitän, dass, wenn man sie ihm mit dieser Absicht gegeben habe, man sie wieder zurücknehmen solle, und nichts könne ihn davon abbringen, dorthin zu fahren, weil er Befehl habe, dies zu tun. Nach diesen Worten sagte Domagaya, der Gefährte von Taignoagny, dem Kapitän, dass der Herrscher die Kinder aus aufrichtiger Liebe und als Zeichen des Vertrauens gegeben habe, und dass er einverstanden sei, mit ihm nach Hochelaga zu gehen, worauf es zwischen Taignoagny und Domagaya grobe Worte gab. Wir erkannten, dass Taignoagny nichts taugte und nur Verrat und Übles im Sinne hatte, ebenso wie bei anderen üblen Streichen, die wir ihn hatten tun sehen. Daraufhin ließ der Kapitän die Kinder auf die Schiffe bringen, ließ zwei Schwerter bringen, ein großes Gefäß aus schimmernder Bronze mit einer Öffnung versehen, die zum Händewaschen war. Dies überreichte er Donnacona, der darüber sehr zufrieden war und unserem Kapitän dankte. Donnacona befahl allen seinen Leuten, zu singen und zu tanzen, und Donnacona bat unseren Kapitän, die Geschütze abzufeuern, weil Taignoagny und Domagaya darüber berichtet hätten und sie selbst dies noch niemals gesehen noch gehört hätten. Der Kapitän antwortete, dass er dies gerne tue, und befahl, dass man ein Dutzend Kanonenschüsse[60] in Richtung des Waldes abfeuern solle, der nahe bei den Schiffen lag. Darüber waren sie so erstaunt, dass sie dachten, der Himmel sei auf sie herabgefallen. Sie begannen zu rufen und zu heulen, so laut, dass es schien, als würde die Hölle sich darüber leeren. Bevor sie sich zurückzogen, ließ Taignoagny durch Mittler ausrichten, dass die Gefährten der Galeone, die auf der Reede geblieben war, zwei ihrer Leute mit Artillerieschüssen getötet hätten. Daraufhin zogen sich alle in großer Hast zurück, so als ob wir sie hätten töten wollen. Dies entsprach aber, wie sich herausstellte, nicht der Wahrheit, denn an diesem Tag war von der Galeone aus kein Schuss abgegeben worden.

---

60 Der Text nennt als Kanonen »barces« (barges), auf Schiffen des 16. Jahrhunderts übliche kleine Geschütze.

Zweite Reise

Wie Donnacona, Taignoagny und weitere eine Finesse ersannen und drei Männer als Teufel verkleiden ließen, welche vorgaben, von Cudouagny, ihrem Gott, gekommen zu sein, um uns daran zu hindern, nach Hochelaga zu fahren.

Am folgenden Tag, dem 18. des Monats, ersannen sie eine große List in dem Bemühen, uns nach wie vor von der Reise nach Hochelaga abzuhalten, und zwar auf folgende Weise: Sie kleideten drei Männer nach Art von Teufeln, die Hörner hatten, so lang wie ein Arm, und mit Fellen von schwarzen und weißen Hunden bekleidet waren. Das Gesicht hatten sie schwarz wie Kohle bemalt. Sie wurden ohne unsere Kenntnis in eines ihrer Boote gebracht, und ihre Schar kam wie gewöhnlich nahe zu unseren Schiffen. Dann hielten sie sich im Wald auf, ohne sich zu zeigen, etwa zwei Stunden lang, und warteten darauf, dass die Flut kam, damit das besagte Boot ankommen konnte. Als die Stunde gekommen war, kamen sie alle aus dem Wald heraus und präsentierten sich vor den Schiffen, ohne aber sich zu nähern, was sie ja sonst immer taten. Taignoagny begann mit der Begrüßung unseres Kapitäns, der ihn fragte, ob er das Boot haben wolle, worauf jener antwortete, dass er dies zur Zeit nicht wolle. Doch bald betrete er die Schiffe, und unmittelbar danach kam das Boot an, worin man die erwähnten drei Männer platziert hatte. Die drei erschienen wie drei Teufel, mit großen Hörnern auf dem Kopf, und der mittlere Mann begann beim Näherkommen mit einer wundersamen Predigt. Sie fuhren mit diesem Boot an unseren Schiffen entlang, ohne auch nur einmal den Blick in unsere Richtung zu wenden, richteten sich aufs Land hin und ließen sich zum Land tragen. Dort ergriff Donnacona mit seinen Leuten sofort das Boot und die drei Männer, die sich auf den Boden hatten fallen lassen wie Tote, und sie trugen das Ganze in den Wald, der etwa einen

Steinwurf entfernt lag. Nicht eine Person mehr blieb vor unseren Schiffen, alle zogen sich in diesen Wald zurück. Und als sie im Wald waren, begannen sie mit einem Sermon und einer Rede, die wir von unseren Schiffen aus hörten – das dauerte etwa eine halbe Stunde. Danach kamen Taignoagny und Domagaya heraus und gingen auf uns zu, einander an der Hand haltend und mit ihren Hüten unter dem Arm. Dann sprach Taignoagny als Erster und sagte „Jesus, Jesus, Jesus", indem er die Augen zum Himmel hob, dann begann Domagaya und sagte „Jesus", „Maria", „Jacques Cartier", wie der andere zum Himmel blickend. Als der Kapitän ihre Mienen und Zeremonien sah, fragte er sie, was es sei, welche Neuigkeiten es gebe. Sie antworteten, es gebe jammervolle Neuigkeiten, sie sagten, nein, es sei nichts Gutes. Wiederum fragte der Kapitän nach, was es denn sei. Sie antworteten, ihr Gott Cudouagny habe in Hochelaga gesprochen, und die vorgenannten Männer seien von ihm gekommen, um ihnen die Neuigkeiten zu verkünden, dass es dort nämlich so viel Eis und Schnee gebe, dass sie alle dort umkommen würden. Auf diese Worte hin begannen wir alle zu lachen und sagten ihnen, ihr Gott Cudouagny sei nichts weiter als ein Narr, der nicht wisse, was er sage. Sie sollten seinen Boten ausrichten, dass Jesus sie vor der Kälte behüten würde, wenn sie an ihn glaubten. Taignoagny und sein Gefährte fragten den Kapitän, ob er mit Jesus gesprochen habe, und er antwortete, dass seine Priester mit ihm gesprochen hätten und dass das Wetter gut würde. Sie dankten dem Kapitän für diese Worte und zogen sich in den Wald zurück, um den anderen diese Neuigkeiten zu berichten. Dann kamen alle sofort aus dem Wald heraus und gaben vor, über die Worte des Kapitäns froh zu sein. Und um zu zeigen, dass sie darüber froh waren, begannen sie, als sie vor den Schiffen waren, sofort damit, drei Schreie und Geheul auszustoßen, was ihr Zeichen für Freude ist, und begannen zu tanzen und zu singen, wie es ihre Gewohnheit ist. Doch Taignoagny und Domagaya verkündeten unserem Kapitän den Beschluss, dass der Herrscher Donnacona keinesfalls wollte, dass irgendjemand von ihnen mit ihm nach Hochelaga ginge, wenn sie nicht eine Geisel übergäben, die bei Donnacona bliebe. Der Kapitän antwortete, dass sie, wenn sie nicht fest entschlossen seien, guten Mutes dorthin zu fahren, bleiben sollten, und dass er nicht ihretwegen nachlassen werde in dem Bemühen, zu fahren.

Wie der Kapitän und alle Edelleute mit fünfzig Seeleuten, der Galeone und den beiden Beibooten aus der Provinz Kanada aufbrachen, um nach Hochelaga zu gehen, und was auf diesem Strom alles gesehen wurde.

Am nächsten Tag, dem 19. September, legten wir ab und setzten mit der Galeone und den beiden Beibooten die Segel, um mit der Flut den Strom weiter hinaufzufahren. Dort sahen wir an beiden Ufern des Stromes die schönsten und besten Landstriche, die man sich vorstellen kann. Sie waren genau so eben wie eine Wasserfläche und voll mit den schönen Bäumen der Welt. Und es gibt entlang des Stroms so viele Weinstöcke, die mit Beeren beladen sind, dass es eher scheint, dass sie von Menschenhand gepflanzt worden sind als auf andere Weise. Doch da sie weder kultiviert noch beschnitten werden, sind die Beeren nicht so dick und süß wie die unsrigen. Auch viele Häuser fanden wir am Strom, bewohnt von Menschen, die großen Fischfang betreiben hinsichtlich aller guten Fische gemäß der Jahreszeit. Diese Menschen kamen mit ebenso großer Freundschaft und Vertrautheit zu unseren Schiffen, als ob wir Bewohner ihres

Landes wären, und brachten uns große Mengen an Fisch und was sie sonst noch hatten, um unsere Handelsware dafür zu bekommen. Sie hoben die Hände zum Himmel und zeigten Zeichen der Freude. Wir warfen etwa fünfundzwanzig Meilen von Kanada entfernt Anker, an einem Ort namens [Achelacy, Hochelay][61], einem sehr gefährlichen Engpass des Stromes mit starker Strömung und so vielen Steinen wie anderen Dingen. Mehrere Boote kamen längsseits, darunter ein großer Herrscher des Landes, der bei seiner Ankunft beim Schiff eine große Rede hielt und durch offensichtliche Gesten mit den Händen und weitere Zeremonien zeigte, dass der Fluss ein Stück weiter vorne sehr gefährlich sei, und er warnte uns, auf der Hut zu sein. Dieser Herrscher präsentierte dem Kapitän zwei seiner Kinder, von denen der Kapitän ein Mädchen im Alter von etwa acht, neun Jahren annahm, einen Jungen von zwei bis drei Jahren aber zurückwies, denn dieser war zu klein. Der Kapitän ehrte den Herrscher und seine Schar, wie er nur konnte, und gab ihm ein kleines Geschenk, wofür der Herrscher dem Kapitän dankte, dann gingen sie an Land zurück. In der Folge kamen dieser Herrscher und seine Frau, um ihre Tochter zu sehen, bis nach Kanada, und brachten dem Kapitän ein Geschenk.

Vom neunzehnten bis zum achtundzwanzigsten des Monats segelten wir den Strom hinauf, ohne eine Stunde oder einen Tag zu verlieren, und während dieser Zeit sahen und fanden wir so schönes Land und so schönen Boden, ganz flach, wie man sich nur wünschen kann, wie gesagt voll mit den schönen Bäumen der Welt, nämlich Eichen, Ulmen, Nussbäumen, Kiefern, Zedern, Tannen, Eschen, Birken, Sandelbäume, Weiden und sehr viele Weinstöcke. Diese hatten einen solchen Überfluss an Beeren, dass die Gefähr-

---

61 Portneuf oder Pointe-au-Platon.

ten beladen damit an Bord kamen. Es gibt gleichermaßen viele Kraniche, Schwäne, Trappen, Gänse, Enten, Lerchen, Fasane, Rebhühner, Amseln, Weindrosseln, Turteltauben, Stieglitze, Zeisige, Nachtigallen und weitere Vögel, wie in Frankreich und in großem Überfluss.

Am achtundzwanzigsten September kamen wir an einem großen, glatten See an, durch den der Strom floss, etwa fünf oder sechs Meilen breit und zwölf Meilen lang[62]. Wir steuerten an diesem Tag flussaufwärts, ohne irgendwo mehr als zwei Faden Tiefe zu finden, es wurde weder tiefer noch flacher. Als wir an einer Einfahrt des Sees ankamen, schien es uns weder Durchfahrt noch Ausfahrt zu geben. So wirkte der See ganz abgeschlossen, ohne Fluss, und an diesem Ende fanden wir nur eineinhalb Faden Wassertiefe, daher erschien es uns angemessen, außerhalb festzumachen und Anker zu werfen, und mit den Beibooten eine Passage zu suchen. So fanden wir heraus, dass es vier oder fünf Flüsse gibt, die alle von dem großen Strom in diesen See fließen und aus Hochelaga kommen. Doch an der Mündungsstelle gibt es Hindernisse und Schwellen, die durch die Strömung des Wassers entstehen und wo sich weniger als ein Faden Wassertiefe findet. Wenn man diese Hindernisse passiert hat, sind es vier oder fünf Faden, was die Zeit der niedrigsten Wasserstände des Jahres war, und wie wir durch das Fließen der Gewässer feststellten, stiegen sie beim Höchststand um über zwei Faden. Alle diese Flüsse umspülen und umringen fünf oder sechs schöne Inseln[63], die das Ende des Sees darstellen. Dann, etwa fünfzehn Meilen flussaufwärts, vereinen sie sich alle zu einer Insel. An diesem Tag waren wir auf einer

---

62 Lac Saint-Pierre.
63 Unter den größten dieser Inseln sind Île Dupas, Île Saint-Ignace, Île de Grâce, Grande Île, Île du Milieu und Île-aux-Castors. Die Gruppe wird gelegentlich auch Îles d'Angoulesme genannt.

dieser Inseln, wo wir fünf Männer antrafen, welche wilde Tiere jagten. Sie kamen in so vertrauter Weise zu unseren Beibooten, als hätten sie uns ihr ganzes Leben lang gesehen, ohne Angst und Furcht zu haben. Und als unsere Boote angelandet waren, nahm einer dieser Männer unseren Kapitän auf die Arme und trug ihn an Land, mit einer Leichtigkeit, als wäre er ein Kind von fünf Jahren, so groß und stark war dieser Mann. Wir fanden bei ihnen eine große Anhäufung von Wildratten. Diese leben im Wasser und sind groß wie Kaninchen, sie schmecken erstaunlich gut. Einige davon schenkten sie unserem Kapitän, der ihnen als Gegenleistung Messer und Rosenkränze gab. Wir fragten sie mit Gesten, ob dies der Weg nach Hochelaga sei, und sie bedeuteten uns, das dies so sei und dass es noch drei Tagesreisen bis dorthin seien.

Wie der Kapitän die Beiboote ausrüsten ließ, um nach Hochelaga zu fahren, und die Galeone wegen der Schwierigkeit der Passage zurückließ. Und wie wir in Hochelaga ankamen, und über den Empfang, den das Volk uns bei unserer Ankunft bereitete.

Als unser Kapitän am folgenden Tag sah, dass es nicht möglich war, die Galeone die Durchfahrt passieren zu lassen, ließ er die Beiboote mit Proviant bestücken und vorbereiten und für einen möglichst langen Zeitraum Proviant an Bord nehmen, soviel die Boote nur aufnehmen konnten. Dann fuhren wir los, begleitet von folgenden Edelleuten: Claude du Pontbriand, dem Mundschenk des Herrn Dauphin, Charles de la Pommeraye, Jehan Gouyon, mit achtundzwanzig Seeleuten, auch darunter Macé Jalobert und Guillaume le Breton, die unter dem Kapitän das

Kommando über die beiden anderen Schiffe hatten. Sie alle kamen mit, um den Fluss hinaufzufahren, so weit wie es uns nur möglich sein würde. Wir steuerten, bei einem Wetter ganz nach unserem Geschmack, bis zum zweiten Oktober hinauf, dann kamen wir in Hochelaga[64] an, das von der Stelle, wo unsere Galeone zurückgeblieben war, fünfundvierzig Meilen entfernt ist. Unterwegs trafen wir auf mehrere Bewohner des Landes, die uns Fisch und weiteren Proviant brachten, tanzend und über unsere Ankunft große Freude zeigend. Und um sie anzulocken und mit ihnen Freundschaft zu halten, gab ihnen der Kapitän als Gegenleistung Messer, womit sie sehr zufrieden waren. Als wir in Hochelaga angekommen waren, versammelten sich vor uns über eintausend Menschen, Männer, Frauen und Kinder. Sie bereiteten uns einen so guten Empfang, wie noch kein Vater seinem Kind bereitet hat, und taten Erstaunliches: Die Männer tanzten als Gruppe zusammen, die Frauen in einer eigenen Gruppe und die Kinder in einer weiteren. Dann brachten sie uns viel Fisch und von ihrem Brot aus grober Hirse, das sie auf unsere Beiboote warfen, so dass es aussah, als fielen sie aus der Luft hinein. Als er das sah, ging der Kapitän mit mehreren seiner Männer an Land. Sobald er ausgestiegen war, versammelten sich alle um ihn und alle die anderen und bereiteten einen unglaublichen Empfang. Und die Frauen brachten ihre Kinder auf den Armen, damit sie den Kapitän und die anderen berühren konnten, und veranstalteten ein Fest, das über eine halbe Stunde dauerte. Der Kapitän, der ihre Freigiebigkeit und ihren freundlichen Empfang sah, ließ alle Frauen sich hinsetzen und ordnen und gab ihnen kleine Rosenkränze aus Zinn sowie weitere geringwertige Gegenstände. An die Gruppe der Männer gab

---

64 S. oben Fn. 58.

er Messer; dann zog er sich an Bord der Beiboote zurück, um zu Abend zu essen und die Nacht dort zu verbringen. Während dieser Zeit blieb das Volk am Flussufer, ganz nahe bei unseren Booten und sie machten die ganze Nacht über Feuer und tanzten. Dabei sprachen sie die ganze Zeit über das Wort »Aguyaze« aus, das sie zur Begrüßung und als Freudenausdruck benutzen.

Wie der Kapitän und die Edelleute mit fünfundzwanzig bewaffneten Seeleuten in wohlgeordneten Reihen in die Stadt Hochelaga gingen und wie dieser Ort aussieht.

Am folgenden Tag in aller Frühe richtete sich der Kapitän her und ließ seine Leute sich in Reih und Glied aufstellen, um den Ort und Wohnsitz des Volkes zu besichtigen sowie einen Berg, der nahe bei der Stadt liegt. Dorthin gingen mit dem Kapitän die Edelleute und zwanzig Seeleute, die übrigen ließ er zur Bewachung der Beiboote zurück; und er nahm drei Männer der Stadt Hochelaga, um sie zu führen und in den Ort zu geleiten. Als wir auf dem Weg waren, fanden wir ihn so gebahnt vor, wie es nur möglich ist, und wunderschönen Boden und besser, als man ihn je sehen könnte, voll mit Eichen, so schön wie in den Wäldern Frankreichs. Darunter ist die ganze Erde mit Eicheln bedeckt. Als wir etwa eineinhalb Meilen den Weg entlang marschiert waren, begegneten wir einem der obersten Herrscher der Stadt, begleitet von mehreren Menschen. Er gab uns durch Zeichen zu verstehen, dass wir uns an diesem Ort niederlassen sollten, an einem Feuer, das sie auf dem Weg entzündet hatten. Dies taten wir, und der Herrscher begann mit einem Sermon und einer Rede, wie schon erwähnt wurde und wie es ihre Art ist, Freude zu zeigen und jemanden kennenzulernen. Damit bereitete der Herrscher dem Kapitän und seiner Begleitung ein Willkommen. Der Kapitän gab ihm einige Beile und einige Messer, zusammen mit einem Kreuz, das er ihn küssen ließ und ihm um den Hals hängte. Dieser dankte dem Kapitän dafür. Danach marschierten wir weiter, und ungefähr eine halbe Meile von diesem Ort entfernt fanden wir bewirtschaftetes Land und schöne, große Felder voller landestypischen Korns, das etwa so gestaltet ist wie die Hirse von Brasilien, ebenso dick wie oder dicker als Erbsen. Davon leben sie wie wir es vom Weizen tun. Mitten in den Feldern liegt die Stadt Hochelaga, nahebei und anliegend an einen Berg, der ringsum bewirtschaftet wird und sehr fruchtbar ist. Von diesem Berg aus kann man sehr weit sehen. Wir nannten den Berg Mont Royal. Die Stadt ist ganz rund und in Form von drei Reihen von Holz umschlossen, nach Art einer Pyramide und oben gekreuzt. Die mittlere Reihe ist nach Art einer senkrechten Linie gestaltet. Dann folgt längs gelegtes Holz, das gut miteinander verbunden und befestigt ist. Es hat eine Höhe von etwa zwei Lanzen[65]. Und es gibt in der Stadt nur ein einziges Tor, einen einzigen Zugang, der mit Querbalken versperrt wird. Darauf und an mehreren Stellen der Umfriedung gibt es eine Art von Galerien und Leitern, mit denen man dort hinauf kommt, und sie sind bestückt mit Felsen und Kieseln für die Bewachung und Verteidigung. Es gibt in der Stadt etwa fünfzig Häuser mit einer Länge von jeweils etwa fünfzig Schritten oder mehr und einer Breite von zwölf oder fünfzehn Schritten. Alle sind aus Holz hergestellt und bedeckt mit großen Rinden und Schalen des Holzes, die so lang wie Tische sind und entsprechend ihrer Art kunstvoll gut miteinander verbunden. In diesen

---

65 Zwischen 11 und 12 m hoch.

Häusern gibt es mehrere Räume und Zimmer. In der Mitte der Häuser gibt es einen großen Platz im Erdgeschoss, wo sie ihr Feuer machen und in Gemeinschaft leben, dann ziehen sich die Männer mit ihren Frauen und Kindern in ihre Zimmer zurück. Auch haben sie Speicher oben in ihren Häusern, wo sie ihr Getreide lagern, aus dem sie Brot machen; dieses nennen sie »Carraconny«. Sie tun dies auf folgende Art und Weise: Sie haben Holzstößel, wie man es zum Stampfen von Hanf verwendet, und schlagen das Getreide mit diesen Stößeln zu Puder, dann ballen sie dieses zu einem Teig und machen kuchenartige Formen daraus, die sie auf einen breiten, heißen Stein legen. Dann bedecken sie das Ganze mit heißen Kieselsteinen. So backen sie ihr Brot, statt einen Ofen zu benutzen. Außerdem machen sie aus diesem Getreide Suppen und auch aus Bohnen und Erbsen; von letzteren haben sie genug, außerdem gibt es große Gurken und weiteres Gemüse. Im Haus haben sie große Gefäße in der Art von Tonnen, wo sie ihren Fisch hineinlegen; sie trocknen ihn im Sommer im Rauch und leben im Winter davon. Davon haben sie große Mengen, wie wir gesehen haben. Ihr ganzes Leben spielt sich ohne salzigen Geschmack ab. Sie schlafen auf Holzrinde, die auf die Erde gelegt wird, und mit kümmerlichen Fellen von wilden Tieren, woraus sie auch ihre Kleidung und Bedeckung herstellen, nämlich Siebenschläfer, Bieber, Marter, Füchse, Wildkatzen, Damwild, Hirsche und andere Tiere. Aber die meisten von ihnen sind fast ganz nackt. Das Kostbarste, das sie auf dieser Welt haben, ist »Esurgny«. Dieses ist weiß wie Schnee, und sie bekommen es aus dem Fluss in Form von »Cornibotz«[66], und zwar auf folgende Art und Weise: Wenn ein Mann den Tod verdient hat oder sie im Krieg einen

---

66 Eine Muschelsorte.

Feind festgenommen haben, töten sie ihn. Dann schneiden sie ihn mit großen Schnitten auf, am Hinterteil, an den Oberschenkeln und den Schultern. Danach versenken sie ihn an dem Ort, wo es »Esurgny« gibt, bis auf den Grund des Wassers und lassen ihn für zehn oder zwölf Stunden dort. Danach ziehen sie ihn wieder nach oben und finden in den Schnitten die »Cornibotz«. Daraus machen sie eine Art Rosenkranz und sie verwenden es, wie wir Gold oder Silber verwenden, und sie halten es für das Kostbarste auf der ganzen Welt. Es hat die Eigenschaft, Nasenbluten zu stillen, diese Erfahrung haben wir gemacht. Dieses ganze Volk widmet sich ausschließlich dem Anbau und dem Fischfang, um zu leben. Die Güter dieser Welt finden bei ihnen keinerlei Berücksichtigung, weil sie davon keine Kenntnis haben, außerdem rühren sie sich nicht fort und ziehen nicht umher wie die Bewohner von Kanada und Saguenay. Jedoch sind die genannten Kanadier ihnen unterworfen, zusammen mit acht oder neun weiteren Völkern, die an diesem Strom leben.

Wie wir in dieser Stadt ankamen und über den Empfang, der uns dort bereitet wurde; und wie der Kapitän ihnen Geschenke machte, und über weitere Dinge, die der Kapitän ihnen antat, wie man in diesem Kapitel sehen wird.

Nachdem wir nahe bei dieser Stadt angekommen waren, versammelte sich vor uns eine große Zahl von Bewohnern, die uns nach der ihnen eigenen Art einen guten Empfang bereiteten. Durch unsere Führer wurden wir in die Mitte der Stadt geleitet, wo es zwischen den Häusern einen Platz mit einer Größe von etwa einem Steinwurf im Quadrat gibt. Sie gaben uns durch Zeichen zu verstehen, dass wir an diesem Ort stehen bleiben sollten, was wir taten. Plötzlich versammelten sich alle Mädchen und Frauen der Stadt, von denen ein Teil Kinder auf den Armen trug. Sie kamen zu uns, um uns das Gesicht, die Arme und weitere Stellen des Oberkörpers zu reiben, wo sie ihn berühren konnten, dabei weinten sie vor Freude darüber, uns zu sehen, und hießen uns auf ihre bestmögliche Weise willkommen. Sie gaben uns Zeichen, dass es uns belieben solle, ihre Kinder zu berühren. Danach ließen die Männer die Frauen sich zurückziehen und setzten sich auf den Boden um uns herum, so als ob wir ein Mysterienspiel aufführen wollten. Dann kamen plötzlich wieder einige Frauen, und jede von ihnen trug eine quadratische Matte nach Art eines Wandteppichs. Sie breiteten sie in der Mitte des Platzes auf dem Boden aus und bedeuteten uns, dass wir uns darauf setzen sollten. Anschließend wurde der König und Herrscher des Landes, den sie in ihrer Sprache »Agouhanna« nennen, von neun oder zehn Männern herbeigetragen; er saß auf einem großen Hirschfell, und sie setzten ihn neben unserem Kapitän auf den Matten ab, uns bedeutend, dass dies ihr König und Herrscher sei. Der »Agouhanna« war etwa fünfzig Jahre alt und kaum besser ausgestattet als die anderen, außer dass er um seinen Kopf herum eine Art roten Saum als Krone trug, hergestellt aus Igelborsten. Der Herrscher war an allen Gliedern vollständig lahm. Nachdem er sein Begrüßungszeichen gegenüber dem Kapitän und seinen Leuten gemacht hatte, gab er ihnen durch Gesten offensichtlich zu verstehen, dass er sie sehr willkommen hieß: Er bot seine Arme und Beine dem Kapitän dar, damit es diesem beliebe, sie zu berühren, als ob er Heilung und Gesundung verlange. Und der Kapitän rieb ihm daraufhin Arme und Beine mit den Händen. Da nahm der »Agouhanna« den Saum und die Krone, welche er auf dem Kopf trug, und gab sie unserem Kapitän. Daraufhin wurden sofort mehrere Kranke zu unserem Kapitän gebracht, Blinde, Einäugige, Hinkende, Gebrechliche und Menschen, die so alt waren, dass ihre Augenlider ihnen bis auf die Wangen hingen. Man setzte und legte sie neben dem Kapitän nieder, damit er sie berühren konnte. Es schien so, als ob Gott vom Himmel herabgestiegen wäre, um sie zu heilen.

Als unser Kapitän die Frömmigkeit und den Glauben dieses Volkes sah, zitierte er das Evangelium nach dem heiligen Johannes, nämlich das Imprincipio, wobei er über den armen Kranken das Kreuzzeichen machte und Gott bat, dass er ihnen Kenntnis unseres Glaubens geben möge und der Leidensgeschichte unseres Erlösers und die Gnade, das Christentum und die Taufe zu empfangen. Dann nahm sich der Kapitän einige Zeit und las laut und Wort für Wort die Passion unseres Herrn vor, und zwar so, dass alle Anwesenden es hören konnten; all diese armen Leute waren ganz still und erstaunlich aufmerksam, wobei sie den Himmel betrachteten und ähnliche Zeremonien vollzogen, wie sie es bei uns sahen. Nach dieser Lektüre ließ der Kapitän die Männer an einer Seite ordnen, die Frauen an einer anderen und die Kinder wieder an einer anderen, und gab ersteren Beile, anderen Messer und den Frauen Rosenkränze und andere geringwertige Gegenstände, dann warf er zwischen die kleinen Kinder auf dem Platz kleine Ringe und Agnus-Dei-Medaillen aus Zinn, worüber sie große Freude zeigten. Daraufhin befahl der Kapitän, Trompeten und andere Musikinstrumente erklingen zu lassen, was die Leute sehr entzückte. Schließlich, nach alldem, nahmen wir Abschied von ihnen und zogen uns zurück. Doch die Frauen stellten sich vor uns, um uns aufzuhalten, und brachten uns von ihren Lebensmitteln, die sie für uns zubereitet hatten, wie Fisch, Suppen, Bohnen, Brot und weitere Dinge. Damit wollten sie uns dazu bringen, uns daran zu weiden und vor Ort zu Abend zu essen. Doch da ihre Lebensmittel nicht nach unserem Geschmack waren und keinen Salzgeschmack hatten, dankten wir ihnen und gaben ihnen durch Zeichen zu verstehen, dass wir nichts zu essen brauchten.

Nachdem wir aus der Stadt herausgegangen waren, führten uns mehrere Männer und Frauen auf den bereits erwähnten Berg, der von uns Mont Royal genannt wurde und von der Stadt etwa eine Viertelmeile entfernt liegt. Und als wir auf diesem Berg standen, konnten wir über dreißig Meilen um den Berg herum sehen. Nach Norden hin gibt es eine Reihe von Bergen in Ost-West-Ausrichtung[67], und ebenso nach Süden hin[68]. Zwischen diesen Bergen ist die Erde die schönste, die man sich nur vorstellen kann, eben, flach und bebaubar. Und in der Mitte dieser Ländereien sahen wir den Strom über die Stelle hinaus, wo unsere Beiboote zurückgeblieben sind. Dorthin geht die wildeste Stromschnelle[69] die man sich vorstellen kann und die zu überwinden nicht möglich war. Und wir sahen diesen Strom, so weit man blicken konnte, groß und breit und weit, wie er nach Südwesten ging und dabei an drei schönen runden Bergen[70] vorbeikam, die wir dort sahen und die wohl fünfzehn Meilen weg von uns waren. Durch unsere drei Landesbewohner, die uns geführt hatten, wurde uns gezeigt, dass es im Fluss drei

---

67   Les Laurentides (Laurentian Mountains).
68   Die Nordhöhen der Adirondacks sowie der Green Mountains im heutigen Vermont.
69   Die Stromschnellen bei Lachine.
70   Die Berge Saint-Bruno, Saint-Hilaire und Rougemont.

solcher Stromschnellen[71] gab wie die, wo unsere Beiboote lagen, doch wir konnten nicht verstehen, welche Distanz zwischen der einen und der anderen lag. Dann zeigten sie uns, dass, wenn man diese Stromschnellen passiert hat, man mehr als drei Monde[72] auf dem Fluss fahren kann. Und sie zeigten uns, dass es entlang der sich nach Norden erstreckenden Berge[73] einen großen Fluss[74] gibt, der ebenso wie der andere Fluss von Westen herabkommt. Wir glauben, dass dies der Fluss ist, der durch das Königreich von Saguenay führt. Ohne dass wir ihnen eine Frage gestellt oder ein Zeichen gegeben hätten, nahmen sie die Trillerpfeifenkette des Kapitäns, die aus Silber ist, und einen Dolchgriff, der aus goldgelbem Messing ist und an der Seite eines unserer uns begleitenden Seeleute hing. Sie zeigten uns, dass dies aus der Gegend flussaufwärts stammte und es dort »Agojuda«[75] gebe, das heißt böse Menschen. Sie seien bis an die Zähne bewaffnet, und sie zeigten uns die Art ihrer Rüstung, die aus Stricken und Holz besteht, fest geschnürt und miteinander verwoben. Und sie gaben uns zu verstehen, dass die »Agojuda« ständig gegeneinander Krieg führten. Doch mangels der Sprache konnten wir keine Kenntnis darüber erhalten, wie weit es bis zu diesem Land ist. Unser Kapitän zeigte ihnen Kupfer, das sie »Caignetdaze« nennen, zeigte auf den Ort und fragte per Zeichensprache, ob es von dort komme, und sie schüttelten den Kopf und verneinten dies. Sie zeigten, dass es aus Saguenay komme, das in entgegengesetzter Richtung

---

71 Vermutlich die Cascades, die Long-Sault Rapids und die Galops Rapids.
72 Die Entfernung von Montréal zum Oberen See beträgt ca. 2500 km.
73 Les Laurentides (Laurentian Mountains).
74 Der Fluss Ottawa.
75 Vermutlich Huronen oder aber Algonkin.

liegt. Nachdem wir diese Dinge gesehen und gehört hatten, zogen wir uns auf unsere Beiboote zurück, nicht ohne von einer großen Zahl dieses Volkes begleitet zu werden. Als sie sahen, dass unsere Leute müde wurden, luden einige von ihnen unsere Leute auf wie auf Pferde und trugen sie. Als wir bei unseren Booten angekommen waren, setzten wir die Segel, um zu unserer Galeone zurückzukehren, aus Sorge, dass es irgendeine Schwierigkeit geben könne. Die Abreise erfolgte nicht ohne großes Bedauern des Volkes. Soweit sie uns flussabwärts folgen konnten, folgten sie uns; am Montag, dem vierten Oktober, kamen wir bei unserer Galeone an.

Am Dienstag, dem fünften des Monats, setzten wir die Segel und legten mit unserer Galeone und den Beibooten ab, um in die Provinz Kanada in den Hafen Saincte Croix zurückzukehren, wo unsere Schiffe zurückgeblieben waren. Am siebten ankerten wir quer vor einem Fluss[76], der aus Norden kommt und in den Strom mündet. In der Flusseinfahrt gibt es vier kleine Inseln voller Bäume – diesen Fluss nannten wir Rivière de Fouez. Und da sich eine dieser Inseln in den Fluss hinein erstreckt und man sie von Ferne sieht, ließ der Kapitän ein schönes großes Kreuz an der Inselspitze[77] errichten und befahl, die Beiboote auszurüsten, um mit der Flut in den Fluss hinein zu fahren, damit man seine Beschaffenheit erforschen könne. Dies wurde getan. Und sie ruderten an diesem Tag den Fluss hinauf. Da dort aber keine Entdeckung gemacht und keine Tiefe vorgefunden wurde, kehrten sie zurück, und wir legten ab, um flussabwärts zu fahren.

---

76 Der Fluss Saint-Maurice.
77 Entweder Île Saint-Quentin oder Île de la Potherie.

Wie wir im Hafen Saincte Croix ankamen und die Ordnung, in der wir unsere Segelschiffe Schiffe vorfanden, und wie der Landesherrscher kam, um unseren Kapitän zu sehen und dieser ging, jenen zu sehen. Und über einen Teil ihrer Sitten im Einzelnen.

Am Montag, dem elften Oktober, kamen wir im Hafen Sainte Croix[78] an, wo unsere Schiffe lagen, und sahen, dass die Steuermänner und Seeleute, die dort geblieben waren, vor den Schiffen eine Befestigung errichtet hatten, die ganz von großen Holzteilen umschlossen war. Sie standen aufrecht und waren miteinander verbunden, und ganz herum waren sie mit Artillerie bestückt und gut eingerichtet, um sich gegen die gesamte Streitmacht des Landes zu verteidigen. Als der Herrscher des Landes von unserem Kommen unterrichtet wurde, kam er sofort am folgenden Tag, dem zwölften, zu uns, begleitet von Taignoagny, Domagaya und mehreren weiteren Leuten. Sie bereitetem unserem Kapitän ein wunderbares Willkommensfest und gaben vor, über unser Kommen sehr erfreut zu sein. Dieser bereitete ihnen einem ziemlich guten Empfang, obwohl sie ihn nicht verdient hatten. Donnacona bat unseren Kapitän, ihn am Tag darauf in Kanada[79] zu besuchen, was der Kapitän ihm versprach. Und am Tag darauf, dem 13. des Monats, besuchte der Kapitän mit seinen Edelleuten, begleitet von fünfzig Gefährten in Reih und Glied, Donnacona und sein Volk, die von der Stelle, wo die Schiffe lagen, etwa eine halbe Meile entfernt wohnen. Ihr Wohnort heißt Stadaconé, und als wir dort angekommen waren, kamen die Bewohner vor uns, etwa einen Steinwurf oder mehr

---

78   Der Fluss Saint-Charles.
79   Vermutlich in seiner Wohnstätte Stadacona.

von ihren Häusern entfernt. Dort versammelten sie sich und setzten sich auf ihre Art und Weise hin: Auf der einen Seite die Männer, und die Frauen standen auf der anderen Seite, unaufhörlich singend und tanzend. Und nachdem sie sich gegenseitig gegrüßt und willkommen geheißen hatten, gab der Kapitän den Männern Messer und weitere Dinge von geringem Wert, und dann ließ er die Frauen und Mädchen vor sich an ihm vorbeigehen und gab jeder einen Zinnring, wofür sie dem Kapitän dankten. Der Kapitän wurde von Donnacona und Taignoagny begleitet, um ihre Häuser zu besichtigen, welche nach ihrer Art und Weise gut ausgestattet waren mit Lebensmitteln, um den Winter gut zu verbringen. Donnacona zeigte uns die Kopfhäute von fünf Männerköpfen, die wie Pergamenthaut auf Holz ausgestreckt waren. Donnacona sagte uns, dass dies Toudamans[80] seien, die in Richtung Süden wohnten und stetig gegen sie Krieg führen würden. Vor zwei Jahren, so erzählte er, seien die Toudamans gekommen, um sie im Strom zu überfallen auf einer Insel[81] im Saguenay, wo sie die Nacht verbracht hätten mit der Absicht, nach Honguedo zu gehen, um gegen sie Krieg zu führen, und zwar mit etwa zweihundert Personen, Männern, Frauen und Kindern. Sie seien in einer Festung, die sie gebaut hatten, im Schlaf überrascht worden. Die Toudamans hätten diese rundherum in Brand gesteckt, und als sie herausgekommen seien, hätten jene sie alle getötet, außer fünf Leuten, die entkommen seien. Über diese Eroberung klagten sie immer noch sehr und bedeuteten uns, dass sie sich dafür rächen würden. Nach diesen Begebnissen zogen wir uns auf unsere Schiffe zurück.

---

80 Möglicherweise Irokesen.
81 Möglicherweise die Île du Massacre.

Über die Art und Weise, wie die Menschen dieses Landes leben, und bestimmte Umstände ihres Glaubens und der ihrer Art zu handeln.

Dieses Volk besitzt keinen annehmbaren Glauben an Gott, denn sie glauben an jemanden, den sie »Cudragny« nennen, und sie sagen, dass er oft zu ihnen spricht und ihnen das Wetter sagt, das es geben soll. Sie sagen auch, dass er, wenn er über sie erzürnt ist, ihnen Erde in die Augen schleudert. Außerdem glauben sie, dass sie, wenn sie dahinscheiden, zu den Sternen gehen und dann im Horizont untergehen wie die Sterne. Und dann kommen sie auf schöne Felder, grün und voller Bäume, Blumen und prächtiger Früchte. Nachdem sie uns dies alles zu verstehen gegeben hatten, zeigten wir ihnen ihren Irrtum auf und sagten, dass ihr Cudragny ein böser Geist sei, der sie missbrauche. Es gebe nur einen einzigen Gott, der im Himmel sei und uns alle notwendigen Dinge gebe, dass er der Schöpfer aller Dinge sei und wir nur an diesen glauben müssten. Es sei notwendig, getauft zu werden, sonst käme man in die Hölle; außerdem erfuhren sie noch weitere Dinge über unseren Glauben. Das glaubten sie alles ohne Schwierigkeiten und nannten ihren Cudragny einen »Agouionda«, außerdem baten sie unseren Kapitän mehrfach, sie zu taufen; der Herrscher, Taignoagny, Domagaya und das ganze Volk der Stadt kamen, um die Taufe anzustreben. Doch da wir ihre Absicht und ihre Gesinnung nicht kannten und es dort niemanden gab, der ihnen in diesem Moment den Glauben darlegte, bat er sie um Entschuldigung. Und er sagte zu Taignoagny und Domagaya, dass wir auf einer weiteren Reise zurückkehren würden und Priester und Chrisamöl mitbrächten. Dabei bat er sie um Entschuldigung, dass man ohne das Chrisamöl nicht taufen könne. Dies glaubten sie, weil sie in der

Bretagne die Taufe von mehreren Kindern gesehen hatten. Und über das Versprechen, das er ihnen in Bezug auf eine Rückkehr gab, waren sie sehr froh und dankten ihm.

Dieses Volk lebt, ziemlich nach Art der Brasilianer, in Gütergemeinschaft und ist mit dem Fell wilder Tiere insgesamt recht ärmlich bekleidet. Im Winter tragen sie enge Hosen und Schuhe, die sie aus Fellen herstellen, und im Sommer gehen sie barfuß. Sie beachten die Ordnung der Ehe, außer dass sie sich zwei oder drei Frauen nehmen. Wenn ihr Ehemann gestorben ist, heiraten die Frauen niemals wieder und betrauern diesen Tod ihr Leben lang, färben sich das Gesicht mit zerstoßener Kohle und Fett, das so dick ist wie ein Messerrücken; so erkennt man, dass sie Witwen sind. Sie haben eine weitere, sehr üble Sitte in Bezug auf ihre Töchter. Wenn sie in dem Alter sind, um zum Manne zu gehen, werden sie alle in ein Bordell gegeben und jedem überlassen, der sie haben will, bis dass sie ihre Partie gefunden haben. Dies haben wir aus eigener Erfahrung gesehen, denn wir haben die Häuser gesehen, die voll von diesen Mädchen sind, wie in einer Jungenschule in Frankreich. Und darüber hinaus gibt es in diesen Häusern auch das Glücksspiel, wo sie alles, was sie haben, verspielen, bis hin zur Bedeckung ihrer Blöße. Sie arbeiten nicht besonders viel und bearbeiten ihren Boden, wo sie ihr Getreide mit Namen »Ozisy« anbauen, mit kleinen Hölzern in der Länge eines halben Degens. Die Körner sind erbsengroß und ziemlich dasselbe Getreide wächst in Brasilien. Auch haben sie eine große Menge an dicken Melonen, Gurken und Kürbissen, Erbsen und Bohnen von jeglicher Farbe, nicht in der Art von unseren. Außerdem haben sie ein Kraut[82], wovon sie im Sommer große Mengen für den Winter anhäufen. Sie schätzen dieses Kraut sehr,

---

82 Tabak.

und ausschließlich die Männer benutzen es auf folgende Art und Weise: Sie lassen es in der Sonne trocknen und tragen es in einer kleinen Tierhaut anstelle eines Beutels um den Hals, zusammen mit einem Horn aus Stein oder Holz. Dann machen sie zu jeder Zeit Pulver aus dem Kraut und geben es in ein Ende dieses Horns. Darauf legen sie ein Stück Feuerkohle und saugen dann am anderen Ende. Sie füllen ihren Körper derart mit Rauch an, dass er ihnen durch den Mund und die Nasenlöcher scharf wieder herauskommt wie durch einen Schlauch; man sieht sie niemals ohne diese Gegenstände. Wir haben diesen Rauch versucht, und nachdem wir ihn in unseren Mund gegeben haben, scheint es, als hätten wir Pfefferpuder hinein gegeben, so scharf ist er. Die Frauen dieses Landes arbeiten im Vergleich deutlich mehr als die Männer, sowohl beim Fischfang, den sie überreichlich betreiben, als auch beim Anbau und anderen Dingen. Und Männer wie Frauen und Kinder sind gegenüber der Kälte härter als Tiere. Denn von der größten Kälte, die wir gesehen haben, war diejenige am heftigsten und erstaunlichsten, die von oben durch Eis und Schnee jeden Tag auf unsere Schiffe niederging. Und dennoch waren die meisten von ihnen ganz nackt, für jemanden, der dies nicht sieht, wirklich schwer zu glauben. Während der Eis- und Schneezeit fangen sie eine große Menge von wilden Tieren wie Damwild, Hirsche, Bären, Marder, Füchse, Siebenschläfer und weitere, von denen sie aber wenige gebracht haben, denn sie sind große Feinschmecker und geizen mit ihren Lebensmitteln. Sie essen das Fleisch ganz roh, nachdem es im Rauch getrocknet wurde, ebenso machen sie es mit dem Fisch. Nach dem, was wir von diesem Volk gesehen haben und verstehen konnten, scheint es mir, als sei es leicht, es gefügig zu machen, wie immer man wollte. Gott in seinem heiligen Erbarmen möge seine Aufmerksamkeit darauf richten. Amen.

Wie dieses Volk uns jeden Tag Fisch und weiteres zu unseren Schiffen brachte und auf Warnung von Taignoagny und Domagaya hin aufhörte zu kommen, und wie es zwischen ihnen und uns einige Zwietracht gab.

Jeden Tag kam das Volk zu unseren Schiffen und brachte große Mengen an Aal und weitere Fische, um etwas von unserer Handelsware zu bekommen. Man gab ihnen Messer, Ahle[83], Rosenkränze und andere geringwertige Gegenstände, worüber sie sich sehr zufrieden gaben. Doch wir bemerkten, dass die beiden böswilligen Männer, die wir mitgenommen hatten, ihnen sagten und zu verstehen gaben, dass das, was wir ihnen gaben, nichts wert sei, und dass sie für das, was sie uns geben würden, auch genauso Beile wie Messer bekommen sollten. Und das, obwohl der Kapitän ihnen viele Geschenke gemacht hatte, und sie forderten unaufhörlich weitere. Durch einen Herrscher der Stadt Hagouchonda[84], der ihm auf dem Weg nach Hochelaga ein kleines Mädchen gegeben hatte, wurde der Kapitän gewarnt, dass er sich vor Donnacona, Taignoagny und Domagaya hüten solle und das diese Agojuda seien, das heißt Verräter und böswillige Menschen. Desgleichen wurde er von einigen Menschen aus Kanada gewarnt. Und auch wir stellten ihre Böswilligkeit fest, weil sie die drei Kinder zurückhaben wollten, die Donnacona dem Kapitän gegeben hatte. Tatsächlich brachten sie das älteste Mädchen dazu, von den Schiffen zu fliehen. Nachdem es geflohen war, stellte der Kapitän die beiden anderen unter Bewachung. Auf Warnhinweise von Taignoagny und Domagaya hin blieben die Kanadier fern

---

83 Kleines Handwerkszeug, um zum Beispiel Löcher in Leder zu stoßen.

84 Dieser Ort wurde auch Achela(c)y (Portneuf/Pointe-au-Platon) genannt. Siehe o. Fn. 61.

und verzichteten für vier oder fünf Tage darauf, zu uns zu kommen, außer einigen wenigen Menschen, die in großer Angst und Furcht kamen.

Wie unserer Kapitän das Fort befestigen ließ, aus Sorge, dass sie eine Tücke ersinnen könnten, und wie sie kamen, um mit ihm zu verhandeln, und über die Rückgabe des Mädchens, das geflohen war.

Als er ihre Böswilligkeit erkannte und aus Sorge, dass sie etwas Tückisches ersinnen und uns mit einer großen Menge Leute überrennen könnten, ließ unser Kapitän unser Fort ringsum mit großen, breiten und tiefen Gräben verstärken, mit einer Zugbrücke und einer Verstärkung aus Holzteilen quer vor den bereits vorhandenen. Und für die Nachtwache der kommenden Zeit wurden fünfzig Männer in vier Vierteln angeordnet, und bei jedem Schichtwechsel wurde ein Trompetensignal gegeben. Als Donnacona, Taignoagny und Domagaya über die Verstärkung benachrichtigt wurden und auch über die gute Bewachung und die Nachtwache, gerieten sie in Zorn darüber, beim Kapitän in Ungnade gefallen zu sein. Mehrere Male sandten sie einige von ihren Leuten zu uns, die vorgaben, sie seien von anderswo, um zu sehen, ob man ihnen Missfallen bereiten würde. Doch dem trug man nicht Rechnung und es wurde nichts, was solchen Anschein hatte, getan oder gezeigt. Dann kamen Donnacona, Taignoagny, Domagaya und andere, um mit dem Kapitän zu sprechen, wobei sie den Fluss zwischen sich ließen, und um ihn zu fragen, ob er betrübt sei und warum er nicht nach Kanada käme, um sie zu besuchen. Der Kapitän antwortete ihnen, dass sie nichts weiter seien als verräterisch und böswillig, so wie man ihm berichtet habe und wie auch er es mehrfach bemerkt habe, wie zum Beispiel, als sie das Versprechen, nach Hochelaga zu gehen, nicht eingehalten hätten, und das Mädchen, das man ihm gegeben habe, zurückgeholt hätten, und weitere böswillige Handlungen, die er ihnen gegenüber nannte. Doch dass er ihnen, wenn sie Menschen guter Gesinnung sein wollten und ihre bösen Absichten unterlassen würden, verzeihe und sie sicher an Bord kommen könnten zu einem guten Willkommen, wie zuvor. Sie dankten ihm dafür und versprachen, ihm das Mädchen, das geflohen war, innerhalb von drei Tagen zurückzubringen. Am vierten November kamen Domagaya und sechs weitere Männer zu unseren Schiffen, um dem Kapitän zu sagen, dass Donnacona durch das Land zöge, um das Mädchen zu suchen, das verschwunden sei, und dass es am folgenden Tag von ihm gebracht würde. Er sagte weiterhin, dass Taignoagny sehr krank sei und dass er den Kapitän darum bitte, ihm ein wenig Salz und Brot zu senden. Dies tat der Kapitän und trug ihm auf, dass es Jesus sei, der betrübt über ihn sei, wegen der bösen Listen, die auszuspielen er die Absicht habe. Am Tag darauf kamen Donnacona, Taignoagny, Domagaya und weitere und brachten das Mädchen zurück. Sie präsentierten ihm das Mädchen, dieser ging nicht darauf ein und sagte, dass er es keinesfalls haben wolle und sie es wieder mitnehmen sollten. Daraufhin antworteten sie und brachten zu ihrer Entschuldigung vor, sie hätten ihm nicht befohlen zu fliehen; es sei gegangen, weil die Pagen es geschlagen hätten, so wie es das ihnen berichtet habe. Sie baten den Kapitän, sie wieder zu nehmen, und brachten sie persönlich bis zum Schiff. Daraufhin befahl der Kapitän, Brot und Wein zu bringen, und bereitete ihnen einen guten Empfang, dann nahmen sie voneinander Abschied. Und danach kamen und gingen sie zu und von unseren Schiffen und wir zu ihrer Siedlung in derselben großen Liebe wie vorher.

Über die Größe und Tiefe des Flusses Stromes im allgemeinen und Tiere, Vögel, Fische, Bäume und anderes, was wir gesehen haben, und über die Beschaffenheit der Orte.

Der Strom[85] beginnt nach dem Passieren der Isle de l'Assomption[86] in Richtung der hohen Berge von Honguedo[87] und der Sieben Inseln[88]. Bis dahin beträgt die Distanz etwa fünfunddreißig oder vierzig Meilen, und in der Mitte liegt die Wassertiefe bei über zweihundert Faden. Es ist am tiefsten und am sichersten, von der Küste aus nach Süden zu steuern. Denn zu den Sieben Inseln hin gibt es von der einen zur anderen Küste etwa sieben Meilen von den Inseln entfernt zwei breite Flüsse[89], die aus den Bergen von Saguenay[90] herabkommen und ins Meer hinein mehrere sehr gefährliche Bänke bilden. An der Einfahrt zu diesen Flüssen haben wir mehrere Wale und Walrosse gesehen.

In Richtung der Sieben Inseln ist davor ein kleiner Fluss[91], der drei oder vier Meilen durch Sümpfe ins Land hineingeht. Dort gibt es eine unglaubliche Anzahl an Flussvögeln. Vom Beginn des Stromes bis nach Hochelaga sind es dreihundert Meilen und mehr, und es ist der Beginn des Stromes zu dem Fluss hin, der aus Saguenay kommt; jener entspringt zwischen hohen Bergen und fließt in diesen Strom ein, bevor er in der Provinz Kanada ankommt, vom nördlichen Rand her. Der Fluss ist sehr tief, eng und gefährlich zu steuern.

---

85 Der Sankt-Lorenz-Strom.
86 Île d'Anticosti.
87 Monts Notre-Dame auf der Gaspé-Halbinsel.
88 Sept-Îles.
89 Der Fluss Pentecoste oder der Fluss Sainte-Marguerite und der Fluss Moisie.
90 Les Laurentides (Laurentian Mountains).
91 Entweder der Fluss Du Poste oder der Fluss Sainte-Marguerite.

Hinter dem Fluss ist man in der Provinz Kanada, wo es mehrere Völker in nicht umschlossenen Dörfern gibt. Auch findet man in der Umgebung von Kanada im Strom mehrere Inseln, große wie kleine, unter anderen eine, die über zehn Meilen Länge besitzt. Sie ist voll schöner, hoher Bäume, außerdem sind dort sehr viele Weinstöcke[92]. Vor beiden Küsten der Insel gibt es eine Durchfahrt, wobei die bessere und sicherere Durchfahrt die von der Küste nach Süden hin ist. Am Ufer der Insel nach Westen hin ist eine Wassergabelung, die sehr schön und angenehm ist, um Schiffe festzumachen. Dort gibt es eine tiefe Verengung des Stromes mit sehr starker Strömung, die aber eine Breite von lediglich etwa einer Drittelmeile hat. In dieser Richtung sieht man ein doppeltes Land von schöner Höhe, vollständig kultiviert, so schönes Land, wie es je ein Mensch gesehen hat, und dort[93] liegt die Stadt und Siedlung von Donnacona und unseren beiden Männern, die wir auf der ersten Reise mitgenommen hatten. Die Siedlung heißt Stadaconé, und bevor man dort ankommt, trifft man auf vier weitere Siedlungsvölker, nämlich Ajoasté, Starnatan, Tailla, welches auf einem Berg wohnt, und Sitadin. Dann kommt Stadaconé. Nach Norden hin unter dem Hochland liegt der Fluss und Hafen Saincte Croix[94], wo wir vom 15. September bis zum 6. Mai 1536 gewesen sind. An diesem Ort liegen die Schiffe im Trockenen, wie bereits gesagt wurde. Nachdem man den genannten Ort passiert hat, findet man die Siedlung und das Volk Tequenonday, welche auf einem Berg liegt, und die Stadt Hochelay[95], die in flacher Landschaft liegt.

---

92 Île d'Orléans.
93 Auf dem Cap Diamant.
94 Der Fluss Saint-Charles.
95 Möglicherweise das oben genannte Achelay (Fn. 61; 84).

Das gesamte Land an beiden Ufern des Stromes bis nach Hochelaga und darüber hinaus ist ein so schönes und ebenes Land, wie je ein Mensch betrachtet hat. Es gibt einige Berge[96], ziemlich weit vom Fluss entfernt, die man jenseits dieser Landstriche sehen kann und von wo mehrere Flüsse herabkommen, die in diesen Strom münden. Das ganze Land ist vollständig bedeckt mit Bäumen verschiedener Sorten sowie mit vielen Weinstöcken, außer in der Umgebung des Volkes, das das Land dort gerodet hat, um die Siedlung zu errichten und Anbau zu betreiben. Es gibt eine große Anzahl an Hirschen, Damwild, Bären und weiteren Tieren. Wir haben dort die Trittspuren eines Tieres gesehen, das nur zwei Füße hat, dem wir lange über Sand und Sumpf gefolgt sind, welche Füße so groß sind wie eine Handfläche und größer. Man findet sehr viele Siebenschläfer, Bieber, Hasen, Kaninchen, Marder, Füchse, Eichhörnchen, Ratten, die erstaunlich groß sind, und anderes Getier. Sie bekleiden sich mit den Fellen dieser Tiere. Auch gibt es viele Vögel, nämlich Kraniche, Trappen, Schwäne, Wildgänse, weiß und grau, Enten, Erpel, Amseln, Weindrosseln, Turteltauben, Ringeltauben, Stieglitze, Zeisige, Hänflinge, Nachtigallen, Pirole, Sperlinge und weitere Vögel, wie sie es auch in Frankreich gibt. Wie bereits in den vorherigen Kapiteln erwähnt, hat dieser Strom die überreichlichste Fülle an Fischen jeglicher Gattung, an die man sich erinnern kann, je davon gehört oder gesehen zu haben. Von seinem Beginn an bis zu seinem Ende wird man, je nach Jahreszeit, die meisten Fischarten und -sorten, sowohl des Meeres als auch des Süßwassers finden. Bis nach Kanada findet man hier viele Wale, Tümmler, Walrosse und »Adhothuys«, eine Art Fisch, von der wir noch nie gehört

---

96   Les Laurentides (Laurentian Mountains).

und die wir noch nie gesehen hatten. Sie sind dick wie Tümmler, weiß wie Schnee und haben einen Körperbau und einen Kopf wie Windhunde. Sie halten sich zwischen Meer und dem Süßwasser auf, das zwischen dem Fluss von Saguenay und Kanada beginnt.

Gleicherweise findet man dort im Juni, Juli und August viele Makrelen, Wolfsbarsche, Goldäschen, fette Aale und andere Fische. Bevor seine Jahreszeit vorbei ist, findet man den Stint, genau so gut wie in der Seine. Dann, im Frühling, gibt es viele Hechte, Forellen, Karpfen, Brassen und andere Süßwasserfische. Und all diese Fischarten werden von dem Volk, je nach Jahreszeit, in Mengen gefangen für ihren Lebensunterhalt.

Kapitel über einige Dinge, über die jene des Landes uns nach unserer Rückkehr aus Hochelaga unterrichteten.

Seit unserer Rückkehr mit der Galeone und den Beibooten aus Hochelaga gab es ein Kommen und Gehen und Konversation mit den Völkern, die unseren Schiffen am nächsten leben, immer in Sanftmut und Freundschaft. Lediglich mit einigen bösen Männern hatten wir manchmal einige Differenzen, worüber die anderen sehr betrübt und erzürnt waren. Wir erfuhren durch den Herrscher Donnacona, Taignoagny, Domagaya und andere, dass der erwähnte Fluss Rivière du Saguenay genannt wird und genau bis nach Saguenay führt, das über einen Mond Weges nach Westnordwest vom Beginn des Flusses entfernt liegt. Wenn man acht oder neun Tagesreisen hinter sich hat, hat er nur noch eine für Boote geeignete Tiefe, doch der richtige und gute Weg nach Saguenay führt über den Strom bis Hochelaga, zu einem

Fluss[97], der von Saguenay herabkommt, und zwischen dem genannten Fluss und diesem Fluss[98], wie wir gesehen haben, ist ein Mond zu laufen. Sie gaben uns zu verstehen, dass die Leute dort bekleidet und ausgestattet seien wie wir und mit Stoffen, dass es viele Städte und Völker gebe und gute Menschen und dass sie eine große Menge an Gold und Kupfer hätten. Das ganze Land von diesem ersten Fluss[99] aus bis nach Hochelaga und Saguenay sei eine Insel, die von dem Strom und von Flüssen umspült und umgeben sei. Nachdem man Saguenay passiert hat, führt der Fluss[100] in zwei oder drei große Seen[101], und dann findet man ein Süßwassermeer[102], von dessen Ende es keine Erwähnung gibt, dass man es je gesehen habe, wie sie von den Menschen aus Saguenay gehört haben. Sie selbst sagten uns, noch nie dort gewesen zu sein. Außerdem gaben sie uns zu verstehen, dass es an dem Ort, wo wir unsere Galeone zurückgelassen hatten, als wir nach Hochelaga fuhren, einen Fluss[103] gebe, der nach Südwesten führe, wo man wohl einen Mond unterwegs sei mit ihren Booten vom Fluss Sainte Croix[104] aus, bis man zu einem Land komme, wo es niemals Eis und Schnee gebe. Dort aber gebe es stetige Kriege untereinander. In diesem Land finde man Orangen, Mandeln, Nüsse, Pflaumen und weitere Fruchtsorten in großer Fülle. Die Männer und Frauen dort seien mit Fellen bekleidet und ausgestattet wie

---

97 Der Fluss Ottawa.
98 Beim Zusammenfluss von Ottawa und Sankt-Lorenz-Strom.
99 Der Fluss Saguenay.
100 Der Fluss Ottawa.
101 Die Lacs des Allumettes, Nipissing und andere, die sich bis zur Georgian Bay (am Huronsee) hinziehen.
102 Huronsee.
103 Der Fluss Richelieu.
104 Der Fluss Saint-Charles.

sie selbst. Als wir sie fragten, ob es dort Gold oder Metall gebe, verneinten sie dies. Nach dem, was sie gesagt haben, schätzen wir, dass der Ort in Richtung Florida liegt, was sie durch Zeichen und Markierungen zeigten.

Von einer großen Krankheit, die es im Volk von Stadaconé gab und von der wir, weil wir ihnen häufig begegnet waren, befallen wurden, so sehr, dass von unseren Leuten insgesamt fünfundzwanzig starben.

Im Dezember wurden wir darüber in Kenntnis gesetzt, dass im Volk von Stadaconé die Seuche[105] Einzug hielt, so dass, wie berichtet wurde, schon mehr als fünfzig Menschen daran gestorben waren. Daraufhin untersagten wir ihnen das Fort und auch, in unsere Umgebung zu kommen. Doch obwohl wir sie verjagt hatten, begann um uns herum die Krankheit, von einer merkwürdigen und gänzlich unbekannten Art. Die einen verloren ihre Kräfte, ihre Beine wurden dick und geschwollen und die Sehnen zogen sich zurück und wurden schwarz wie Kohle. Bei manchen waren die Beine gänzlich mit purpurroten Blutstropfen bedeckt. Dann stieg die Krankheit hinauf in die Hüften, Oberschenkel und Schultern, zu den Armen und zum Hals. Und bei allen wurde der Mund so infiziert und faul am Zahnfleisch, dass das ganze Fleisch herabfiel, bis zu den Zahnwurzeln, und die Zähne fielen fast alle aus. Die Krankheit verbreitete sich derart auf unseren drei Schiffen, dass von den einhundertzehn Männern, die wir insgesamt waren, Mitte Februar keine zehn mehr gesund waren, so dass der eine dem anderen nicht mehr helfen konnte. Dies war angesichts des Ortes,

---

105 Der Skorbut.

wo wir uns befanden, eine sehr jämmerliche Angelegenheit. Denn die Leute des Landes kamen jeden Tag vor unsere Befestigung und sahen nur wenige Leute, und wir hatten schon acht Tote und über fünfzig Männer, bei denen man kein Überleben mehr erwartete.

Als unser Kapitän diesen Jammer und diese sich ausbreitende Krankheit sah, ließ er alle laut und still beten und ließ ein Bildnis der Jungfrau Maria zu einem Baum tragen, der einen Bogenschuss von unserem Fort entfernt in Richtung der Schnee- und Eislandschaft stand. Und er ordnete an, dass man dort am kommenden Sonntag die Messe lesen solle. Alle, die laufen konnten, Gesunde wie Kranke, gingen in der Prozession mit und sangen die sieben Psalmen Davids mit der Litanei, wobei sie zur Jungfrau beteten, dass sie ihren lieben Sohn bitten solle, Erbarmen mit uns zu haben. Nachdem die Messe vor dem Marienbild gelesen und gefeiert worden war, machte sich der Kapitän zum Pilger zu Unserer Lieben Frau von Rocamadour[106], denn er gelobte, dorthin zu gehen, wenn Gott ihm die Gnade gewähren würde, nach Frankreich zurückzukehren. An diesem Tag verschied Philippes Rougemont aus Amboise im Alter von etwa zwanzig Jahren.

Da uns die Krankheit unbekannt war, ließ der Kapitän den Körper öffnen, um zu sehen, ob wir darüber etwas erfahren könnten, und um, wenn möglich, die übrigen zu retten. Man fand heraus, dass das Herz weiß und welk war, umgeben von mehr als einem Topf voll Wasser, rot wie Datteln; die Leber war in gutem Zustand, doch die Lunge war ganz geschwärzt und abgestorben, und das gesamte Blut hatte sich an eine Stelle über seinem Herzen zurückgezogen. Denn als man es

---

106 Die schwarze Madonna von Rocamadour (Dept. Lot, Frankreich) war ein seit dem 12. Jahrhundert weithin verehrtes Pilgerziel.

öffnete, kam aus dieser Stelle über dem Herzen eine große Menge von schwarzem, infiziertem Blut heraus. Auch war die Milz zum Rückgrat hin ein wenig aufgeritzt, etwa zwei Finger tief, so als ob man sie auf einem rauen Stein hin- und hergerieben hätte. Danach öffnete man durch Schnitte einen Oberschenkel, der von außen sehr schwarz war, doch innen wurde das Fleisch in einem ziemlich guten Zustand vorgefunden. Nachdem all dies getan worden war, wurde er so gut, wie man nur konnte, bestattet. Gott in seiner großen Gnade möge seiner Seele und der Seele aller Verstorbenen vergeben. Amen.

Von einem Tag zum anderen hatte sich die Krankheit derart fortgesetzt, dass es einen Augenblick gab, in dem auf allen drei Schiffen keine drei Männer mehr gesund waren, so dass es auf einem der Schiffe keinen Mann gab, der noch unter das Oberdeck hinabsteigen konnte, um Wasser zu ziehen, weder für sich selbst noch für einen Gefährten. Und gegenwärtig gab es schon mehrere Tote. Wir mussten sie aufgrund unserer Schwäche unter den Schnee legen. Denn es war uns nicht möglich, für sie die Erde auszuheben, die gefroren war, so geschwächt waren wir und so wenig Kraft hatten wir. Und außerdem waren wir sehr in Furcht, dass die Menschen des Landes von unserem jämmerlichen Zustand und unserer Schwäche Kenntnis erhielten. Um die Krankheit zu verbergen, wenn sie zu unserem Fort kamen, ging unser Kapitän, den Gott immer bewahrt hat, aufrecht hinaus und stellte sich vor sie hin, zusammen mit zwei oder drei Männern, darunter sowohl Kranke als auch Gesunde. Er ließ diese hinter sich hinausgehen. Wenn er die Männer außerhalb des Forts sah, gab er vor, sie schlagen zu wollen, indem er schrie und Stöcke hinter ihnen her warf. Dann schickte er seine Männer an Bord zurück und gab den Wilden durch Zeichen zu verstehen, dass er alle seine Leute in den Schiffen beschäftigte: Die einen würden kalfatern, die anderen Brot backen und weitere Arbeiten verrichten, deshalb sei es nicht gut, wenn sie nach draußen kämen, um sich auszuruhen. Dies glaubten sie, und der Kapitän ließ die Kranken in den Schiffen schlagen und Lärm machen, mit Stöcken und Kieseln so tun, als ob sie kalfatern würden. Wir waren im übrigen von dieser Krankheit so geschlagen, dass wir die Hoffnung, jemals nach Frankreich zurückzukehren, fast schon verloren hatten, wenn uns nicht Gott durch seine unendliche Güte und sein Erbarmen voll Mitleid betrachtet hätte und uns Kenntnis von einem Heilmittel gegen alle Krankheiten gegeben hätte, dem besten Heilmittel, das man je auf der Erde gesehen und gefunden hat. Davon wird in diesem Kapitel die Rede sein.

Über den Zeitraum, den wir im Hafen Saincte Croix und an den Orten mitten in Eis und Schnee verbracht haben, und über die Zahl der Leute, die seit Beginn der Krankheit bis Mitte März verschieden sind.

Von Mitte November bis zum fünfzehnten April waren wir dauerhaft im Eis eingeschlossen, welches mehr als zwei Faden Dicke hatte. Und auf dem Boden lag die Höhe des Schnees bei vier Fuß und mehr, so dass er höher war als die Borde unserer Schiffe. Das ganze dauerte bis zum genannten Zeitpunkt, so dass unsere Getränke in den Fässern alle gefroren waren. Und in unseren Schiffen, von unten wie von oben, war das Eis an den Borden vier Finger dick. Der ganze Strom, soweit er Süßwasser enthält, war bis jenseits von Hochelaga gefroren. In dieser Zeit verschieden insgesamt fünfundzwanzig Personen unter unseren Edelleuten und guten Gefährten, die wir hatten. Außerdem gab es zu diesem

Zeitpunkt über fünfzig, bei denen man kein Überleben mehr erwartete, und die übrigen waren alle krank, niemand blieb davon ausgenommen außer drei oder vier Männern. Doch Gott betrachtete uns in seiner heiligen Gnade mit Mitleid und schickte uns die Kenntnis und das Mittel für unsere Heilung und Gesundheit, und zwar von der Art und Weise, wie es in diesem Kapitel geschildert wird.

Wie wir durch die Gnade Gottes Kenntnis von einer Baumsorte erhielten, durch welche wir geheilt wurden, nachdem wir den Baum verwendet hatten, und über die Art und Weise der Verwendung.

Eines Tages, als der Kapitän die Krankheit so ausgebreitet sah und die Leute so davon erfasst, verließ er das Fort und promenierte auf dem Eis, als er eine Schar von Leuten aus Stadaconé kommen sah, darunter Domagaya, den der Kapitän zehn oder zwölf Tage vorher von der Krankheit, die seine Leute hatten, schwer krank geworden gesehen hatte. Denn er hatte eines seiner Beine vom Knie an so dick geschwollen wie ein Kind von zwei Jahren und alle seine Sehnen hatten sich zurückgezogen, die Zähne waren verloren und verfault und das Zahnfleisch faul und infiziert. Als der Kapitän diesen Domagaya gesund und befreit sah, war er in freudiger Hoffnung, von ihm zu erfahren, wie er genesen sei, um seinen Leuten Hilfe und Unterstützung zu geben. Als sie in der Nähe des Forts angekommen waren, fragte der Kapitän ihn, wie er von seiner Krankheit genesen sei. Domagaya antwortete, dass er den Saft und das Mark von Blättern eines Baumes habe, wodurch er gesund geworden sei, und dass dies das einzige Heilmittel gegen Krankheit sei. Der Kapitän fragte, ob es davon etwas in der Umgebung gebe und er es ihm zeigen würde, um seinen Diener zu heilen, der sich die Krankheit in Kanada geholt habe, während er sich bei Donnacona aufgehalten habe; denn er wollte nicht die Zahl der Gefährten nennen, die krank waren. Daraufhin sandte Domagaya zwei Frauen mit dem Kapitän, um davon zu holen. Sie brachten neun oder zehn Äste und zeigten uns, wie man die Rinde und Blätter des Holzes schälen und alles in Wasser kochen muss; dann soll man jeden zweiten Tag davon trinken und das Mark auf die geschwollenen und kranken Beine legen. Dieser Baum würde von jeder Krankheit heilen, sie nennen den Baum in ihrer Sprache »Anneda«[107].

Sofort ließ der Kapitän einen Trank zubereiten, um die Kranken davon trinken zu lassen. Doch darunter gab es keinen, der den Trank versuchen wollte, außer ein bis zwei Männer, die sich in das Wagnis begaben, ihn zu probieren. Bald als sie davon getrunken hatten, hatten sie sogleich den Vorteil, der sich als echtes und offenbares Wunder erwies. Denn sie wurden von allen Krankheiten, von denen sie befallen waren, geheilt und gesund gemacht, nachdem sie zwei oder drei Mal davon getrunken hatten. Und zwar dergestalt, dass einer unter den Gefährten war, der fünf oder sechs Jahre vor dieser Krankheit die Syphilis hatte, durch diese Medizin eindeutig geheilt wurde. Nachdem man dies gesehen und erlebt hatte, gab es einen solchen Andrang auf die Medizin, als ob man sich dafür töten wolle, damit man als Erster etwas davon hätte. Ein Baum, groß und dick wie ich zuvor nie einen gesehen hatte, wurde innerhalb von weniger als acht Tagen verbraucht. Dieser Baum hatte eine Wirkung, dass, auch wenn alle Ärzte aus Löwen und Montpellier mit sämtlicher Medizin aus Alexandria dort gewesen wären, sie

---

107 Vermutlich épinette blanche (picea glauca), dt. Weißfichte.

nicht in einem Jahr hätten bewirken können, was dieser Baum in sechs Tagen bewirkte: Er hat uns derart genützt, dass all jene, die ihn verwenden wollten, ihre Gesundheit und Heilung wieder erlangt haben. Dank sei Gott.

Wie der Herrscher Donnacona, begleitet von Taignoagny und mehreren weiteren Männern, von Stadaconé weg ging und vorgab, zur Jagd auf Hirsche und Damwild zu gehen und zwei Monate fort war, ohne zurückzukehren. Und bei ihrer Rückkehr brachten sie eine große Anzahl von Menschen mit, an deren Anblick wir nicht gewöhnt waren.

Während der Zeit, in der die Krankheit und das Sterben auf unseren Schiffen herrschten, gingen Donnacona, Taignoagny und viele weitere Männer fort, angeblich, um auf Hirsch- und Damwildjagd zu gehen. Diese Tiere nannten sie »Joumesta« und »Asquemindo«. Denn der Schnee und das Eis im Stromlauf waren bereits gebrochen, so dass sie darauf fahren konnten.

Es wurde uns durch Domagaya und andere gesagt, dass sie nicht mehr als etwa zwei Wochen fort sein würden, was wir glaubten, doch es vergingen zwei Monate ohne ihre Rückkehr. Deshalb argwöhnten wir, ob sie nicht vielleicht gegangen seien, um eine große Menge Leute zu versammeln und uns Verdruss zu bereiten, weil sie uns derart geschwächt sahen. Obwohl wir unsere Situation so gut geregelt hatten, hätten sie, wenn die gesamte Macht ihres Landes hier gewesen wäre, anderes zu tun gewusst als uns nur zu beobachten. Während ihrer Abwesenheit kamen jeden Tag viele Menschen zu unseren Schiffen, wie sie es gewöhnlich taten, und brachten uns frisches Fleisch von Hirsch und Damwild, außerdem frischen Fisch jeglicher Sorte. Sie verkauften all dies teuer an uns oder sie zogen es vor, es wieder mitzunehmen, weil sie zum jetzigen Zeitpunkt, aufgrund des Winters, der sehr lang gewesen war, Nahrungsmittel brauchten.

Wie Donnacona mit einer großen Anzahl von Leuten nach Stadaconé zurückkehrte und er, aus Angst zu kommen, um den Kapitän zu sehen, den Kranken spielte, mit der Absicht, dass der Kapitän zu ihm kommt.

Am einundzwanzigsten April kam Domagaya an Bord, begleitet von mehreren Leuten, die schön und kräftig waren. Wir waren an ihren Anblick nicht gewöhnt. Sie sagten, dass der Herrscher Donnacona am folgenden Tag kommen und große Mengen an Hirschfleisch und anderem Wildbret bringen werde. Am Tag darauf, dem zweiundzwanzigsten, kam Donnacona und führte in seiner Begleitung eine große Zahl von Menschen nach Stadaconé. Wir wussten weder, zu welcher Gelegenheit, noch warum. Doch ein Sprichwort sagt: »Wer vor allem auf der Hut ist, entkommt einigem.« Genau das war es, was Not tat. Denn wir waren durch die Krankheit und durch Verstorbene derart geschwächt, dass wir eines unserer Schiffe in Saincte Croix lassen mussten. Der Kapitän wurde über ihr Kommen unterrichtet und darüber, dass sie so viele Leute mitgebracht hatten. Auch bemerkte er, dass Domagaya kam, um ihm das zu sagen, ohne den Fluss überqueren zu wollen, der zwischen uns und Stadaconé liegt. Er gab vor, Schwierigkeiten mit der Überfahrt zu haben, was er gewöhnlich nicht tat, so dass wir den Verdacht einer Hinterhältigkeit hatten. Als er dies sah, schickte der Kapitän seinen Diener, mit Namen Charles Guyot – der von dem Volk des Landes geliebt wurde wie kein anderer – um zu sehen, was an diesem Ort geschah, was er auch tat. Der Diener gab vor, gekommen zu sein, um Donnacona zu sehen, weil er lange Zeit bei ihm in ihrer Stadt verbracht hatte, und er brachte ihm ein kleines Geschenk. Als Donnacona von seinem Kommen benachrichtigt wurde, spielte er den Kranken und legte sich hin und sagte, er sei sehr krank. Da ging Charles in das Haus von Taignoagny, um ihn zu sehen. Überall fand er die Häuser so voll mit Menschen, dass man sich kaum noch umdrehen konnte. Dies sah man gewöhnlich nicht, und Taignoagny wollte nicht erlauben, dass der Diener zu den anderen Häusern hinging. So begleitete er ihn die Hälfte des Weges zu den Schiffen hin und sagte ihm, dass, falls es dem Kapitän belieben würde, einen Herrscher des Landes namens Agona zu ergreifen, der ihm Verdruss bereitet hatte, und ihn mit nach Frankreich zu nehmen, dass er dann alles täte, was der Kapitän wolle. Der Diener solle am nächsten Tag zurückkommen, um ihm die Antwort zu geben. Als der Kapitän von der großen Anzahl an Menschen Kenntnis erhielt, die sich an diesem Ort aufhielten, und er nicht wusste, zu welchem Zweck dies geschah, entschloss er sich dazu, eine List auszuspielen und ihren Herrscher, Taignoagny, Domagaya und die Anführer zu ergreifen. Auch war er wohl entschlossen, den Herrscher Donnacona nach Frankreich zu führen, um dem König zu berichten und zu erzählen, was er in den westlichen Ländern an Wundern der Welt gesehen hatte. Denn er hat uns gegenüber bestätigt, dass er im Land von Saguenay gewesen ist, in dem es unendliche Mengen an Gold, Rubinen und weiteren Reichtümern gibt. Dort seien die Menschen weiß wie in Frankreich und mit Wollstoffen bekleidet. Außerdem sagt er, ein weiteres Land gesehen zu haben, wo die Leute nichts essen würden und keinen After besäßen und nichts verdauen würden, sondern lediglich Wasser durch ihr Glied abließen. Dann sagte er, in einem anderen Land, dem der Picquenyans, und weiteren Ländern gewesen zu sein, wo die Leute nur ein Bein hätten. Er hatte noch weitere wundersame und lange Geschichten zu erzählen. Der Herrscher ist ein alter Mann und reiste unaufhörlich durch die Länder, seitdem er denken konnte, auf Strömen, Flüssen und zu Lande. Nachdem der Diener ihre Botschaft übermittelt und seinem Herrn gesagt hatte, was Taignoagny dem Diener aufgetragen hatte, schickte der Kapitän diesen seinen Diener am folgenden Tag zu Taignoagny zurück, um ihn aufzusuchen und ihm zu sagen, was er wollte und dass er ihm einen guten Empfang bereiten und einen Teil seines Willens erfüllen würde. Taignoagny übermittelte ihm, dass er am nächsten Tag kommen werde und Donnacona und denjenigen, der ihm Verdruss bereitet habe, mitbrächte. Dies tat er aber nicht. Es vergingen zwei Tage, ohne dass er kam, und während dieser Zeit kam niemand aus Stadaconé zu den Schiffen, wie es gewöhnlich der Fall war, sondern sie mieden uns, als ob wir sie hätten töten wollen. Nun erkannten wir ihre Böswilligkeit. Da sie feststellten, dass die Leute aus Sitadin[108] um uns herum kamen und gingen und wir ihnen das Gerüst des Schiffes überlassen hatten, das wir dort ließen damit sie die alten Nägel bekommen konnten, kamen sie am dritten darauffolgenden Tag aus Stadaconé vom anderen Flussufer, und der größte Teil von ihnen setzte ohne Schwierigkeiten in kleinen Booten über. Doch Donnacona wollte nicht übersetzen. Über eine Stunde verhandelten Taignoagny und Domagaya, bevor sie übersetzen wollten. Schließlich taten sie es und kamen, um mit dem Kapitän zu sprechen. Und Taignoagny bat den Kapitän, den erwähnten Mann zu ergreifen und nach Frankreich mitzunehmen. Dies wies der Kapitän zurück, indem er sagte, dass der König, sein Herr, ihm untersagt habe, einen Mann oder eine Frau

---

108 Vermutlich am Ufer des heutigen Beauport (Quebec City) ansässig.

mit nach Frankreich zu nehmen, wohl aber zwei oder drei kleine Kinder, um die Sprache zu lernen. Doch gerne nehme er den Mann mit nach Neufundland und setze ihn dort auf einer Insel ab. Diese Worte sprach der Kapitän, um sie in Sicherheit zu wiegen und zu dem Zweck, Donnacona nach Frankreich zu entführen, der jenseits des Wassers geblieben war. Taignoagny war über diese Worte sehr erfreut, in der Hoffnung, niemals nach Frankreich zurückzukehren, und er versprach dem Kapitän, am nächsten Tag, dem Tag des Heiligen Kreuzes, zurückzukommen und den Herrscher Donnacona und das ganze Volk des Ortes mitzubringen.

Wie der Kapitän am Tag des Heiligen Kreuzes in unserem Fort ein Kreuz errichten ließ, und wie der Herrscher Donnacona, Taignoagny, Domagaya und ihre Schar kamen, und über die Ergreifung dieses Herrschers.

Am dritten Mai, dem Tag und Festtag des Heiligen Kreuzes, ließ der Kapitän zur Feier des Festes ein schönes Kreuz mit einer Höhe von etwa fünfunddreißig Fuß errichten, unter dessen Querbalken ein Wappenschild mit den Symbolen Frankreichs. Und drauf war in attischen Lettern eingeschrieben: »Franciscus primus Dei gratia Francorum rex regnat.« An diesem Tag um die Mittagszeit kamen viele Menschen aus Stadaconé, Männer, Frauen und Kinder, die uns sagten, dass ihr Herrscher Donnacona, Taignoagny, Domagaya und weitere, die in seiner Begleitung seien, kämen, worüber wir sehr froh waren, weil wir hofften, uns ihrer zu bemächtigen. Sie kamen etwa zwei Stunden nach der Mittagszeit. Als sie vor unseren Schiffen angekommen waren, ging unser Kapitän, um den Herrscher Donnacona zu begrüßen, der ihm ebenso ein gutes Willkommen bereitete, immer aber den Blick zum Wald hin gerichtet hatte und eine seltsame Furcht zeigte. Kurz danach kam Taignoagny an, der dem Herrscher Donnacona sagte, dass er auf keinen Fall das Fort betreten solle. Dann wurde von einem seiner Leute Feuer zu einem Ort außerhalb des Forts gebracht, das durch den Herrscher entzündet wurde. Unser Kapitän bat ihn, zu kommen und auf den Schiffen zu trinken und zu essen, wie es üblich war. Gleichermaßen bat er Taignoagny darum, der sagte, dass er gleich eintreten werde. Sie taten dies und betraten das Innere des Forts. Doch vorher wurde unser Kapitän von Domagaya unterrichtet, dass Taignoagny etwas Falsches gesagt habe. Er habe dem Herrscher Donnacona gesagt, dass er keinesfalls die Schiffe betreten solle. Als der Kapitän das sah, ging er aus dem befestigten Bereich hinaus und sah, dass die Frauen auf den Hinweis des Taignoagny hin flohen. Es blieben nur die Männer, und diese waren zahlreich. Der Kapitän befahl seinen Leuten, den Herrscher Donnacona, Taignoagny, Domagaya und zwei weitere Anführer, die er ihnen zeigte, zu ergreifen, und danach die anderen sich zurückziehen lassen solle. Kurz danach betrat der Herrscher das Fort, gemeinsam mit dem Kapitän. Doch sofort kam Taignoagny, um ihn zum Verlassen des Forts zu bringen. Als unser Kapitän sah, dass es kein anderes Mittel gab, rief er, dass man sie ergreifen solle. Auf diesen Ruf hin kamen die Leute des Kapitäns heraus und ergriffen den Herrscher und diejenigen, deren Ergreifung man beschlossen hatte. Als die Kanadier die Ergreifung sahen, begannen sie zu fliehen und zu laufen, wie Schafe vor dem Wolf, die einen zum Fluss hin, die anderen zwischen das Holz, wobei jeder seinen eigenen Vorteil suchte. Als die Ergreifung der benannten Personen vollzogen war und die anderen sich zurückgezogen hatten, wurden die Ergriffenen unter sichere Bewachung gestellt.

Wie die Kanadier in der Nacht vor die Schiffe kamen, um ihre Leute zu suchen, und wie sie die ganze Nacht über ohne Unterlass schrien und heulten wie Wölfe: Und die Verhandlung und den Beschluss, den sie am folgenden Tag trafen, und über die Geschenke, die sie unserem Kapitän machten.

Als die Nacht gekommen war, kamen vor unsere Schiffe, der Fluss dazwischen, zwei große Mengen des Volkes von Donnacona, die die ganze Nacht schrien und heulten wie die Wölfe. Sie schrien ohne Unterlass »Agouhanna Agouhanna« und wollten mit ihm sprechen, was der Kapitän zu diesem Zeitpunkt nicht gestattete, auch am folgenden Tag nicht, bis um die Mittagszeit. Sie gaben uns durch Zeichen zu verstehen, dass wir sie (wohl) getötet und aufgehängt hätten. Etwa um die Mittagsstunde kamen sie erneut in großer Zahl zurück, so groß, wie wir es auf der Reise auf einmal je gesehen hatten. Sie hielten sich im Wald verborgen außer einigen, die mit lauter Stimme schrien und nach Donnacona riefen. Daraufhin befahl der Kapitän, Donnacona nach oben steigen zu lassen, um zu ihnen zu sprechen. Er sagte ihm, dass er ihm ein gutes Willkommen bereiten würde und dass er, nachdem er mit dem König von Frankreich gesprochen und ihm erzählt habe, was er in Saguenay und anderen Gegenden gesehen habe, er innerhalb von zehn oder zwölf Monden zurückkehren würde. Und dass der König ihm ein großes Geschenk machen werde. Darüber war Donnacona sehr erfreut und sagte es den anderen, woraufhin sie drei wundersame Schreie ausstießen, als Zeichen der Freude. Dann hielten das Volk und Donnacona untereinander mehrere Sermone und Reden, die zu beschreiben nicht möglich ist, da wir sie nicht verstanden. Unser Kapitän sagte zu Donnacona, dass sie unbeschadet vom anderen Ufer herankommen könnten, um besser miteinander zu sprechen, und dass er ihnen dies zusichere. Das sagte Donnacona ihnen. Daraufhin kam ein Boot mit Anführern längsseits der Schiffe. Wiederum begannen sie mit mehreren Reden und hielten eine Lobrede auf den Kapitän. Und sie gaben ihm als Präsent vierundzwanzig Halsketten aus »Esurgny«, was der allergrößte Reichtum ist, den sie auf dieser Welt haben. Denn sie schätzen dieses mehr als Gold oder Silber. Nachdem sie genug verhandelt und vertraulich miteinander gesprochen und außerdem gesehen hatten, dass es kein Mittel für den Herrscher gab zu entkommen, und dass er nach Frankreich reisen musste, befahl er, dass man ihm am folgenden Tag Lebensmittel zum Verzehr während der Überfahrt bringen solle. Der Kapitän schenkte Donnacona zwei Eimer aus Bronze und acht Beile sowie weitere geringwertige Gegenstände wie Messer und Rosenkränze. Allem Anschein nach freute er sich sehr darüber und schickte sie seinen Frauen und Kindern. In gleicher Weise schickte der Kapitän denen, die gekommen waren, um mit Donnacona zu sprechen, einige kleine Präsente. Dafür dankten sie dem Kapitän sehr. Dann zogen sie sich zu ihren Unterkünften zurück.

Wie das Volk am Tag darauf, dem fünften Mai, zurückkam, um mit seinem Herrscher zu sprechen, und wie vier Frauen an Bord kamen, um ihm Lebensmittel zu bringen.

Am fünften Tag des Monats kam das Volk sehr früh und in großer Zahl zurück, um mit seinem Herrscher zu sprechen, und sie schickten ein Boot, das sie in ihrer Sprache »Casnouy« nennen. Darauf waren vier Frauen, nicht ein einziger Mann, aus Sorge, dass man sie zurückbehalten würde. Die Frauen brachten viele Lebensmittel, nämlich dicke Hirse (das Getreide, von dem sie leben), Fleisch, Fisch und weiteren Proviant gemäß ihrer Lebensweise. Als sie bei den Schiffen angekommen waren, bereitete der Kapitän ihnen einen guten Empfang. Donnacona bat den Kapitän, den Frauen zu sagen, dass er innerhalb von zwölf Monden zurückkehren und Donnacona nach Kanada mitbringen werde. Dies sagte er, um sie zufriedenzustellen. Der Kapitän tat dies, und die Frauen waren anscheinend sehr erfreut darüber, was sie mit Zeichen und Worten dem Kapitän zeigten, und auch, dass sie, wenn er zurückkäme und Donnacona mitbrächte, ihm mehrere Geschenke machen würden. Dann gab jede von ihnen dem Kapitän eine Halskette aus »Esurgny«, anschließend fuhren sie ans andere Flussufer zurück, wo das Volk von Stadaconé sich aufhielt, und zogen sich zurück, von ihrem Herrscher Donnacona Abschied nehmend.

Am Samstag, dem sechsten Tag des Mai, legten wir vom Hafen Saincte Croix[109] ab und fuhren zur Isle d'Orleans, ungefähr zwölf Meilen von Saincte Croix. Und am Sonntag kamen wir zur Isle es Couldres, wo wir bis zum Montag, dem sechzehnten des Monats blieben. Dabei ließen wir die Gewässer sich abschwächen, die eine zu starke Strömung hatten und zu gefährlich waren, um den Strom[110] flussabwärts zu fahren, und warteten günstiges Wetter ab. Während dieser Zeit kamen mehrere Boote der Donnacona unterworfenen Völker aus dem Fluss Saguenay zu uns. Und als sie von Domagaya über die Ergreifung unterrichtet wurden und über die Art und Weise, wie man Donnacona nach Frankreich führen würde, waren sie wohl überrascht, unterließen es aber nicht, längsseits der Schiffe zu kommen, um mit Donnacona

---

109 Der Fluss Saint-Charles.
110 Der Sankt-Lorenz-Strom.

zu sprechen. Dieser sagte ihnen, dass er innerhalb von zwölf Monden zurückkehren werde und von dem Kapitän und den Gefährten eine gute Behandlung erfahre. Hierfür dankten sie dem Kapitän mit einer Stimme und gaben Donnacona drei Pakete mit Biberpelzen und Seewölfen, zusammen mit einem großen Kupfermesser, welches aus Saguenay stammte, sowie weiteren Dingen. Desgleichen gaben sie dem Kapitän eine Halskette aus »Esurgny«, und der Kapitän gab ihnen für diese Geschenke zehn oder zwölf Beile, worüber sie froh und zufrieden waren und dem Kapitän dankten. Dann kehrten sie zurück.

Die Durchfahrt ist sicherer und besser zwischen Norden und der Insel als gegen Süden wegen der großen Zahl der flachen Bänke und Felsen dort und auch weil es Untiefen gibt.

Am folgenden Tag, dem sechzehnten Mai, legten wir von der Isle des Couldres ab und fuhren weiter, um bei einer Insel[111] Anker zu werfen, die etwa fünfzehn Meilen von der vorigen Insel entfernt ist und eine Länge von etwa fünf Meilen hat. Dort blieben wir den Tag über, um auch die Nacht dort zu verbringen, denn wir hofften, am folgenden Tag die gefährlichen Stellen des Saguenay zu passieren, die sehr groß sind. Am Abend waren wir auf dieser Insel, wo wir eine große Anzahl an Hasen fanden und wovon wir eine gewisse Menge mitnahmen. Aufgrund dessen nannten wir die Insel Isle des Lièvres. In der Nacht wurde der Wind widrig und stürmisch, so dass wir wieder an der Isle des Couldres festmachen mussten, von der aus wir losgefahren waren, denn zwischen diesen Inseln gibt es keine andere Durchfahrt. Dort blieben wir bis zum 21. des Monats, dem Tag, an dem der Wind günstig war, und wir fuhren die

---

111 Île-aux-Lièvres.

Tage über so weit, dass wir bis nach Honguedo[112] gelangten zwischen der Isle de l'Assomption[113] und Honguedo, eine Passage, die vorher noch nicht erforscht worden ist. Und wir fuhren in Richtung Cap de Prato[114], den Beginn der Baie de Chaleur. Da der Wind günstig und passend wehte, segelten wir den Tag und die Nacht über. Am folgenden Tag fuhren wir weiter, um das Gebiet der Isle de Bryon aufzusuchen. Dies wollten wir tun, um unseren Weg abzukürzen. Die beiden Gebiete liegen nach Südost und Nordwest ausgerichtet, Viertel Ost und West. Dazwischen liegen 50 Meilen. Die Insel befindet sich auf siebenundvierzigeinhalb Grad Breite.

Am Donnerstag, dem 26. des Monats, dem Festtag der Himmelfahrt unseres Herrn, durchquerten wir das Meer zu einem Landstrich und einer flachen Sandbank, die in etwa acht Meilen Entfernung von der Isle de Bryon Richtung Südwesten liegen. Dahinter sieht man große Ländereien voller Bäume, und dort eingeschlossen gibt es ein Meer[115], zu dem wir keine Einfahrt und keine Öffnung entdeckt haben, um hineinzukommen. Am Freitag, dem 27., kehrten wir, weil der Wind zur Küste hin drehte, zur Isle de Bryon zurück, wo wir bis zum ersten Juni blieben, und suchten einen hohen Landstrich[116] auf, der im Südosten dieser Insel liegt und uns wie eine Insel erschien. Diesen Landstrich umfuhren wir etwa zweiundzwanzigeinhalb Meilen weit, und auf dem Weg entdeckten wir drei andere Inseln[117], die in Richtung Sandbänke liegen. Und gleicherweise sind diese

---

112 Gaspé.
113 Île d'Anticosti.
114 Möglicherweise Cap d'Espoir (am Eingang der Baie-des-Chaleurs).
115 Der Hafen der Grande Entrée bei der Île Grosse (Îles de la Madeleine).
116 Île du Cap Breton (Cape Breton Island).
117 Île d'Entrée, Île du Havre-aux-Maisons und Île du Havre-Aubert.

Sandbänke eine Insel[118], und das Land[119], das hoch und flach ist, ist ein Land, das gegen Nordwesten abfällt. Nach diesen Erkundungen kehrten wir zum Kap dieses Landstrichs zurück, das sich aus zwei oder drei unglaublich hohen Kaps[120] zusammensetzt und wo es eine große Wassertiefe und so starke Gezeiten gibt, wie sie nicht stärker sein können. Wir nannten dieses Kap Cap de Lorraine[121], welches auf etwa sechsundvierzigeinhalb Grad Breite liegt. Südlich des Kaps gibt es Flachland und anscheinend die Einfahrt in einen Fluss, doch ist dort kein Hafen, der etwas taugt. Jenseits dieser Ländereien nach Süden hin sahen wir ein weiteres Festlandskap, welches wir Cap Sainct Paul[122] nannten, auf etwa siebenundvierzigeinviertel Grad Breite.

Am Sonntag, dem vierten Tag des Monats, dem Pfingstfest, erkundeten wir die ostsüdöstliche Küste von Neufundland, die etwa zweiundzwanzig Meilen vom Kap entfernt ist. Da der Wind widrig war, fuhren wir in einen Hafen, den wir Havre de Sainct Esprit[123] nannten, und dort blieben wir bis zum Dienstag. Dann legten wir aus dem Hafen ab und kreuzten an der Küste bis zu den Isles Sainct Pierre[124]. Auf diesem Weg fanden wir entlang der Küste mehrere Inseln und sehr gefährliche Untiefen[125], und zwar auf der Route

---

118 Cartier stellt hier fest, dass die Îles de la Madeleine Inseln sind und nicht, wie er 1534 (Erste Reise) vermutete, Teil des Festlands.
119 Île du Cap Breton (Cape Breton Island).
120 Cap Saint-Laurent (Cape Saint Lawrence), Blackrock Point, Cap Nord (Cape North) u. a. auf der Île du Cap Breton (Cape Breton Island).
121 Vermutlich Cap Saint-Laurent (Cape Saint Lawrence).
122 Vermutlich Cap Nord (Cape North).
123 Vermutlich Port-aux-Basques.
124 Îles Saint-Pierre und Miquelon.
125 U. a. Îles Ramée (Ramea Islands), Îles Burgeo (Burgeo Islands) und Îles Pingouin (Penguin Islands).

nach Osten, Südosten und Westen sowie Nordwesten, nach etwa 2, 3 und 4 Meilen im Meer. Wir blieben auf den Isles Sainct Pierre, wo wir mehrere Schiffe vorfanden, sowohl aus Frankreich als auch aus der Bretagne, und zwar vom Tag des Heiligen Barnabas an, dem elften Tag des Monats Juni, bis zum 16. Tag des Monats, an dem wir von diesen Inseln wieder ablegten, zum Cap de Raze[126] segelten und in einen Hafen namens Rougnouse[127] einfuhren. Dort nahmen wir Wasser und Holz auf, um das Meer zu überqueren, und ließen eines unserer Beiboote dort. Am Montag, dem 19. Tag des Monats, legten wir von diesem Hafen ab. Bei günstigem Wetter segelten wir über das Meer, so dass wir am 6. Juli 1536 dank der Gnade Gottes im Hafen von Saint-Malo ankamen. Unsere Seereise beendend bitten wir Gott, uns seine Gnade und am Ende das Paradies zu gewähren. Amen.

---

126 Südostspitze Neufundlands.
127 Renews Harbour, 16 km nördlich der Südostspitze Neufundlands.

Dritte Reise

Kapitän Jacques Cartiers dritte Entdeckungsreise zu den Ländern Kanada, Hochelaga und Saguenay im Jahre 1540[1]

König Franz I. hatte den sowohl schriftlich als auch mündlich erstatteten Bericht seines obersten Navigators auf den beiden früheren Entdeckungsreisen, Kapitän Cartier, betreffend der Dinge, die letzterer im Westen in den von ihm entdeckten Ländern Kanada und Hochelaga gefunden und untersucht hatte, gehört. Darüber hinaus hatte er die Menschen, die besagter Cartier aus jenen Ländern mitgebracht hatte, in Augenschein genommen und mit ihnen gesprochen. Einer von diesen war Donnacona, der König von Kanada. Nachdem jene lange Zeit in Frankreich und England verbracht hatten, waren sie auf ihren eigenen Wunsch hin getauft worden und in England verstorben.

Und obwohl seine Majestät von besagtem Cartier informiert worden war, dass bis auf ein etwa zehnjähriges Mädchen alle von ihm mitgebrachten Menschen (zehn an der Zahl) gestorben waren, beschloss er, seinen Navigator Cartier erneut dorthin zu senden gemeinsam mit Jean-François de La Rocque de Roberval[2], welchen er zum Stellvertreter seiner Majestät und Gouverneur in den Ländern Kanada und Hochelaga ernannte. Zusammen mit Cartier, den der König zum Generalkapitän und Befehlshaber der Schiffe ernannte, sollten sie den Entdeckungen der vorigen Reisen weitere hinzufügen und – soweit möglich – mehr über das Land Saguenay in Erfahrung bringen, von dem die Menschen, die Cartier mitgebracht hatte, dem König

---

1 Richtig: 1541.
2 Eigentlich Rocque.

berichtet hatten, dort seien große Reichtümer und sehr fruchtbare Böden.

Und der König stellte eine gewisse Summe Geldes zur Verfügung, um die Entdeckungsreise mit fünf Schiffen auszurüsten, was von dem besagten Monsieur Roberval und von Cartier durchgeführt wurde. Anschließend beschlossen sie gemeinsam, den besagten fünf Schiffen in Saint-Malo in der Bretagne die Takelage hinzuzufügen, wo auch die beiden vorigen Reisen vorbereitet worden waren und von wo aus sie aufgebrochen waren. Monsieur Roberval sandte zu diesem Zweck Cartier dorthin. Und nachdem dieser den Bau, die Ausrüstung und die gute Vorbereitung der Schiffe veranlasst hatte, kam Monsieur Roberval nach Saint-Malo, fand die Schiffe vom Stapel gelassen und aufgeriggt vor, bereit zum Auslaufen und Setzen der Segel. Es fehlte allein noch die Ankunft des Generals und die Bezahlung der Ausstattung. Monsieur Roberval, der Stellvertreter des Königs, hatte in der Normandie und Champagne Artillerie, Schießpulver, Munition und andere notwendige Dinge bestellt, die noch nicht geliefert worden waren. Da diese Dinge sehr notwendig waren und er keinesfalls ohne sie aufbrechen wollte, entschied Monsieur Roberval, sich von Saint-Malo nach Rouen zu begeben und ein oder zwei Schiffe bei Honfleur vorzubereiten, wohin, wie er meinte, seine Ausrüstung geliefert worden sei. Cartier hingegen sollte mit den fünf von ihm ausgerüsteten Schiffen voraussegeln; denn Cartier hatte außerdem Briefe vom König erhalten, worin dieser ihm ausdrücklich auferlegte, unverzüglich nach Erhalt der Schriftstücke aufzubrechen und Segel zu setzen, andernfalls würde er sein Missfallen erregen und alle Schuld alleine tragen.

Nachdem diese Dinge nun alle geschehen waren, und nachdem Monsieur Roberval jene Edelleute, Soldaten und

Seeleute, die für die Reise angeheuert und ausgewählt waren, gemustert und in Augenschein genommen hatte, übertrug er Kapitän Cartier die volle Befehlsgewalt, aufzubrechen, vorauszusegeln und alle Dinge zu handhaben, als sei Roberval selbst in Person dort. Er selbst brach nach Honfleur auf, um seine weiteren Vorbereitungen zu treffen. Als diese Dinge erledigt und die Winde günstig waren, setzten die besagten fünf Schiffe gut ausgestattet und mit Vorräten für zwei Jahre am 23. Mai 1541 gemeinsam Segel.

Wir segelten so lange bei widrigen Winden und dauernden Stürmen, die sich in Folge unseres späten Aufbruchs einstellten, dass wir mit unseren fünf Schiffen ganze drei Monate auf See waren, bevor wir die Küste und den Hafen Kanadas erreichten. In all dieser Zeit hatten wir nicht mehr als dreißig Stunden gute Winde, die uns voranbrachten und auf Kurs hielten. Durch jene Stürme verloren unsere fünf Schiffe den Kontakt untereinander, lediglich zwei konnten beieinander bleiben, jenes unter dem Kommando des Kapitäns und jenes, in dem der Vicomte de Beaupré[3] reiste. Erst einen Monat später trafen wir uns schließlich alle in der Bucht von Carpont[4] in Neufundland wieder.

Die lange Dauer der Überfahrt von der Bretagne nach Neufundland führte zu einem großen Mangel an Trinkwasser, denn für die Aufzucht im neuen Land führten wir Rindvieh sowie Ziegen, Schweine und andere Tiere an Bord mit, denen wir schließlich nur Apfelwein und anderes Alkoholisches zu trinken geben konnten. Aus all diesen Gründen – weil wir für ganze drei Monate auf See gewesen waren

---

3 Vermutlich Guyon des Granches, Sieur de Beauprest (oder Beaupré), Bruder von Cartiers Ehefrau Catherine des Granges.
4 Quirpon; s. oben Erste Reise, Fn. 9.

und vor Neufundland auf Monsieur Roberval warteten, und weil wir Frischwasser und andere notwendige Dinge laden mussten – erreichten wir den Hafen Saincte-Croix[5] in Kanada (an dem wir auf der vorigen Reise acht Monate verweilt hatten) nicht vor dem 23. August.

Dort kamen die Bewohner des Landes zu unseren Schiffen und zeigten bei unserer Ankunft große Freude. Insbesondere kam jener, der die Macht und Regentschaft in Kanada innehatte, namens Agona, den Donnacona zum König ernannt hatte, als wir diesen während der früheren Reise nach Frankreich mitnahmen. Agona kam mit sechs oder sieben Booten und Männern, Frauen und Kindern zum Schiff des Kapitäns und fragte den Kapitän, wo Donnacona und die anderen seien. Darauf berichtete der Kapitän, Donnacona sei in Frankreich gestorben und sein Körper ruhe in der Erde, die anderen seien als große Herren dort geblieben, hätten geheiratet und würden nicht in ihre Heimat zurückkehren. Agona zeigte bei diesen Worten keinerlei Ärger, und ich denke, er nahm es so gelassen auf, weil er durch den Tod Donnaconas Herr und Gouverneur des Landes blieb.

Nach dieser Besprechung nahm Agona ein Stück gegerbten Leders, das er anstelle einer Krone auf seinem Kopf trug, und legte es auf den Kopf unseres Kapitäns. Es war aus einer gelben Haut gefertigt, und der Rand war mit »Esnoguy« bestickt (das für sie ein Schatz ist und die Sache, die für sie den höchsten Wert hat, so wie wir Gold schätzen). Dann nahm er von seinen Handgelenken zwei Armbänder aus »Esnoguy« und legte sie dem Kapitän um die Arme, fiel ihm um den Hals und gab zugleich seiner großen Freude Ausdruck: Doch wie sich später offenbaren sollte, war das

---

5   Der Fluss Saint-Charles.

nur Heuchelei. Der Kapitän nahm die Krone aus Leder, setzte sie wieder auf Agonas Haupt und gab ihm und seinen Frauen einige kleine Geschenke. Außerdem bedeutete er ihm, dass er noch weitere neue Dinge mitgebracht hätte, die er ihm später schenken würde. Agona bedankte sich hierfür, und nachdem der Kapitän mit ihm und seiner Begleitung gegessen und getrunken hatte, brachen sie auf und kehrten mit ihren Booten zur Küste zurück.

Nach all dem begab sich der Kapitän mit zweien seiner Boote den Fluss hinauf, um vier Meilen oberhalb Kanadas und der Bucht von Saincte-Croix[6] einen Ankerplatz und kleinen Fluss in Augenschein zu nehmen[7], der etwa vier Meilen stromaufwärts liegt. Diesen fand er besser geeignet und geräumiger, um hineinzusegeln und mit seinen Schiffen längsseits zu gehen, als den vorigen[8]. Also kehrte er zurück und veranlasste, alle Schiffe zu jenem Fluss zu bringen, und während der Ebbe ließ er seine Geschütze aufstellen, um drei Schiffe besser zu schützen, welche er bei sich im Land behalten wollte, was am nächsten Tag auch geschah. Die übrigen beiden Schiffe lagen vom 26. August bis 2. September in der Flussmitte. Die von ihnen mitgebrachten Lebensmittel und anderen Vorräte wurden ausgeladen. Dann brachen sie auf und kehrten nach Saint-Malo zurück[9]. Mit den Schiffen schickte der Kapitän seinen Schwager Macé Jalobert[10] und seinen Neffen Estienne Nouel, beides tüchtige

---

6 Der Fluss Saint-Charles.
7 Der Fluss du Cap Rouge, der stromaufwärts von Quebec City in den Sankt-Lorenz-Strom mündet.
8 Der Fluss Saint-Charles.
9 Die zurücksegelnden Schiffe waren die *Saint-Brieux* und die *Georges*.
10 Marc (oder Macé) Jalobert war der Ehemann der Schwester von Cartiers Frau Catherine des Granges. S. oben, Zweite Reise, Fn. 11.

und exzellente Navigatoren, mit Briefen an den König, um ihn in Kenntnis zu setzen darüber, was bisher getan und gefunden worden war, und dass Monsieur Roberval bis dahin nicht eingetroffen war und Cartier fürchtete, jener sei von widrigen Winden und Stürmen nach Frankreich zurückgedrängt worden.

Beschreibung des besagten Flusses und Hafens

Der Fluss[11] ist klein, nicht mehr als fünfzig Schritte breit, und Schiffe mit drei Faden Tiefgang können ihn bei Flut befahren – bei Niedrigwasser ist er nicht mehr als ein Kanal von vielleicht einem Fuß Tiefe. Zu beiden Seiten des Flusses erstrecken sich sehr fruchtbare Böden und eine schöne Landschaft voller Bäume, so gut gewachsen und hoch, wie nur irgendwo sonst auf der Welt. Es wachsen diverse Sorten, die rund zehn Faden höher als die übrigen sind, und ein besonderer Baum von rund drei Faden Höhe, den die Bewohner dieses Landes, „Hanneda" nennen. Dieser Baum hat die hervorragendste Eigenschaft aller Bäume auf der Welt, worüber ich später berichten werde. Darüber hinaus wachsen in großer Zahl die prächtigsten Eichen, die ich je in meinem Leben sah, so voller Eicheln, dass sie wiederholt unter der Last brachen. Außerdem gibt es noch Ahorn, Zedern, Buchen und andere Bäume, die auch in Frankreich wachsen.

Unmittelbar südlich des Waldes ist der Boden mit Weinreben bedeckt, die wir voller Trauben so schwarz wie Maulbeeren antrafen. Da sie nicht angebaut werden, sondern wild wuchern, schmecken sie aber nicht so süß wie

---

11 Wie oben Fn. 7.

die französischen. Darüber hinaus sieht man viel Weißdorn, dessen Blätter die Größe von Eichenlaub erreichen und der Früchte trägt, die Mispeln ähneln. Um es kurz zu machen: Das Land eignet sich zum Pflügen und Düngen so gut, wie man es nur finden oder sich wünschen kann.

Wir säten hier Samen unseres Heimatlandes aus – Kohl, Rüben, Salat und andere: Sie alle keimten und schoben sich innerhalb von acht Tagen aus dem Boden. Die Flussmündung ist nach Süden gerichtet, und der Lauf windet sich wie eine Schlange nordwärts. Auf der Ostseite der Mündung erhebt sich eine hohe und steile Klippe[12], auf die hinauf wir mit Hilfe zweier Treppen einen Weg schufen und auf dessen Spitze wir ein Fort anlegten, um das untere Fort und die Schiffe zu schützen und alles zu überwachen, was den großen oder den kleinen Fluss hinauf- oder hinabfahren würde.

Jenseits davon blickt man auf eine ausgedehnte, zum Ackerbau geeignete Ebene, gleichmäßig und schön, die sich sanft Richtung Süden neigt. Sie lässt sich so einfach pflügen, wie man es sich nur wünschen kann, und ist von gut gewachsenen Eichen und anderen Bäumen großer Schönheit bewachsen, nicht dichter als die Wälder Frankreichs. Wir teilten zwanzig Männer zur Arbeit ein, die innerhalb eines Tages etwa eineinhalb acres des besagten Bodens bearbeitet hatten, und pflanzten Rüben aus, die nach acht Tagen, ich erwähnte es bereits, aus dem Boden sprossen.

Auf der hohen Klippe stießen wir sehr nahe beim Fort auf eine ergiebige Quelle, und angrenzend fanden wir eine Menge Steine, die wir für Diamanten hielten. Auf der anderen Seite des Berges verläuft an seinem zum Fluss[13]

---

12 Cap Rouge (Red Cape).
13 Sankt-Lorenz-Strom.

hin ausgerichteten Fuß ein sich beinahe bis zu unserem Fort ausdehnendes, ergiebiges Erzvorkommen[14] des besten Eisens, das die Welt kennt. Der Sand, auf dem wir gehen, ist fein geriebenes Erz, bereit für einen Schmelzofen. Am Ufer fanden wir einige Blätter feinsten Goldes so dick wie der Fingernagel eines Mannes. Westlich des Flusses[15] standen, wie bereits beschrieben, viele wohlgewachsene Bäume, und zum Wasser hin lag eine fruchtbare Wiese voll so schönen und saftigen Grases, wie ich es nur je auf einer französischen Wiese sah: Zwischen jener Wiese und dem Wald wachsen zahlreiche Weinranken und wilder Hanf, so kräftig und viel, wie man es sich nur wünschen kann.

Am Ende der Wiesen steigt der Boden innerhalb einhundert Schritten an. Er besteht hier aus einem schwarzen und dicken Schiefergestein, in dem Adern mit mineralischem Material verlaufen, die wie Gold und Silber strahlen. Überall in diesem Gestein sind große Körner des erwähnten Erzes, und an einigen Stellen fanden wir Steine wie Diamanten, von größter Schönheit, so poliert und schön geschnitten, dass sie im Schein der Sonne glitzern als wären sie Funken von Feuer.

---

14 Manches Felsgestein des Cap Rouge (Red Cape) kann mit Eisenerz verwechselt werden.
15 Wie oben Fn. 7.

Nach Kanada, Hochelaga und Saguenay

Wie nach Aufbruch der beiden Schiffe, welche in die Bretagne zurückgeschickt worden waren und dem Beginn des Fortbaus der Kapitän zwei Boote vorbereitete, um den Fluss hinauf zu segeln und die Passage über die drei Stromschnellen oder Wasserfälle zu suchen.

Nachdem der Kapitän zwei Schiffe auf die Rückreise geschickt hatte, um dem König die Neuigkeiten zu melden, wie Cartier von diesem beauftragt worden war, und nachdem der Bau des Forts zum Schutz der Lebensmittel und anderer Dinge begonnen hatte, entschied Cartier gemeinsam mit dem Vicomte de Beaupré und anderen als Berater ausgewählten Edelleuten, Schiffsmeistern und Navigatoren, in zwei voll mit Lebensmitteln und Männern beladenen Schiffen nach Hochelaga zu reisen. Dort wollte er die Wasserfälle untersuchen, die es auf dem Weg nach Saguenay zu überwinden gilt, denn so konnte er im Winter die zu diesem Zweck nötigen Dinge herstellen und im kommenden Frühjahr bereit sein, tiefer ins Landesinnere einzudringen.

Als die Schiffe bereit waren, brach der Kapitän zusammen mit Martine de Painpont, weiteren Edelleuten und den übrigen Seeleuten am 7. September des Jahres 1541 von Charlesbourg-Royal[16] auf. Der Vicomte de Beaupré blieb zurück, um das Fort zu überwachen und alle Dinge dort zu verwalten. Auf seinem Weg den Fluss[17] hinauf traf sich der Kapitän mit dem Herrn von Hochelay[18], der zwischen Kanada und Hochelaga wohnt. Auf der vorigen Reise hatte er dem Kapitän ein kleines Mädchen gegeben

---

16 So benannt zu Ehren von Charles, Herzog von Orléans, dem dritten Sohn König Franz' I.
17 Sankt-Lorenz-Strom.
18 Portneuf; s. oben Zweite Reise Fn. 61.

und ihn oft über die verräterischen Pläne informiert, die Taignoagny und Domagaya (die der Kapitän auf seiner früheren Reise mit nach Frankreich genommen hatte) gegen ihn geschmiedet hatten. Aufgrund dieser Freundschaftlichkeit wollte der Kapitän nicht ohne Besuch an ihm vorbeireisen; und um ihn wissen zu lassen, dass er ihn als seinen Freund betrachte, gab der Kapitän ihm zwei kleine Jungen und ließ sie bei ihm zurück, damit sie seine Sprache lernen sollten. Außerdem schenkte er ihm einen Umhang in parisroter Farbe, der mit gelben und weißen Zinnknöpfen und Glöckchen verziert war. Dazu gab der Kapitän ihm außerdem zwei Messingschalen und einige Äxte und Messer. Der besagte Lord schien darüber hocherfreut und dankte dem Kapitän.

Anschließend brachen der Kapitän und seine Begleitung wieder auf. Wir segelten mit einem guten Wind, sodass wir am elften Tag des Monats die erste Stromschnelle[19] erreichten, die gut zwei Meilen von der Stadt Tutonaguy[20] entfernt liegt. Nach unserer Ankunft dort beschlossen wir, mit einem der Boote so weit wie möglich flussauf vorzudringen und das andere bis zur Rückkunft des ersten zurückzulassen; und wir versahen das erste mit doppelter Besatzung , um gegen die Strömung der besagten Stromschnelle anrudern zu können. Doch nachdem wir ein Stück der Stromschnellen überwunden und unser anderes Boot hinter uns gelassen hatten, stießen wie auf flaches Wasser voll großer Felsen und eine so starke Strömung, dass ein weiteres Vorankommen unmöglich war. Der Kapitän[21] entschied daraufhin, über Land weiter vorzu-

---

19 Vermutlich die Stromschnellen Sainte-Marie, d. h. Lachine. S. oben Zweite Reise, Fn. 69.
20 Vielleicht Hochelaga am Ort des heutigen Montréal.
21 Jacques Cartier.

dringen, um die Natur und Eigenheiten der Stromschnelle zu erkunden. Am Ufer entdeckten wir direkt am Wasser einen viel benutzten Pfad, der entlang der Stromschnellen verlief und dem wir folgten. Nach kurzer Zeit stießen wir auf eine Siedlung, deren Bewohner uns mit großem Jubel sehr freundlich begrüßten und uns sehr freundlich bewillkommneten.

Nachdem wir ihnen zu verstehen gegeben hatten, dass wir die Stromschnellen hinauf und nach Saguenay wollten, schlossen sich uns vier junge Männer an, die uns den Weg zeigen wollten. Sie brachten uns bis zum nächsten Dorf mit freundlichen Einwohnern, die oberhalb der zweiten Stromschnelle[22] wohnten. Jene kamen uns entgegen und brachten Speisen mit, eine dicke Suppe und Fisch, die sie uns zum Essen anboten. Der Kapitän fragte sie nun mit Zeichen und Worten, wie viele weitere Stromschnellen wir überwinden müssten, um Saguenay zu erreichen, und wie weit es dorthin sei. Die Menschen zeigten uns daraufhin und gaben uns zu verstehen, dass wir an der zweiten Stromschnelle seien und noch eine weitere überwinden müssten, dass der Fluss[23] nicht bis Saguenay befahrbar sei, und dass die Entfernung zur besagten letzten Stromschnelle ungefähr ein Drittel der von uns bereits zurückgelegten Strecke betrage. Dies erklärten sie uns mit mithilfe einiger kleiner Stöcke, die sie in einer Reihe in gewisser Distanz auf den Boden legten und zwischen denen sie anschließend mit kleinen Zweigen die Stromschnellen markierten. Soweit ihre Angaben stimmen, kann die Strecke bis zum Ende der Stromschnellen über Land nicht weiter als gut sechs Meilen betragen.

---

22 Das Königreich Saguenay.
23 Der Fluss Ottawa.

Nachdem wir von diesen Leuten über das Erwähnte informiert worden waren, beschlossen wir, zu unseren Booten zurückzukehren, denn der Tag neigte sich dem Ende zu und wir hatten noch nichts getrunken oder gegessen. Als wir dort ankamen, hatten sich bis zu vierhundert Menschen versammelt, die uns überschwänglich begrüßten und sich anscheinend sehr über unsere Ankunft freuten. Der Kapitän gab daraufhin jedem von ihnen eine Kleinigkeit wie etwa einen Kamm, eine Zinn- oder Kupferbrosche und andere Belanglosigkeiten. Von den wichtigen Männern erhielt jeder seine kleine Axt und einen Angelhaken, worüber sie in lautes Freudengeschrei ausbrachen. Doch trotz all der schönen Zeremonien und zur Schau gestellten Freude darf man ihnen nicht trauen, denn wie wir später herausfanden, hätten sie ihr Bestes getan, uns zu töten, wenn sie sich für ausreichend stark gehalten hätten.

Nachdem all dies geschehen war, machten wir uns mit unseren Booten wieder auf den Heimweg. Erneut kamen wir am Wohnsitz des Herrn von Hochelay vorbei, bei dem der Kapitän auf unserem Weg flussauf die beiden jungen Männer zurückgelassen hatte. Der Kapitän erwartete, ihn selbst dort anzutreffen, fand aber niemanden außer einen seiner Söhne, der erklärte, sein Vater sei nach Maisouna[24] aufgebrochen, was unsere Jungen bestätigten und ergänzten, seit seiner Abreise seien zwei Tage vergangen. In Wahrheit war er jedoch nach Kanada[25] aufgebrochen, um sich mit Agona zu beraten, was sie gegen uns unternehmen konnten.

Als wir unser Fort erreichten, erfuhren wir, dass die Wilden des Landes nicht länger wie gewohnt zu unserem

---

24 Nicht zu identifizierender Ort.
25 In die Gegend des Flusses Saint-Charles.

Fort[26] kamen, um uns Fisch zu bringen, sondern in erstaunliche Zweifel und Furcht vor uns verfallen waren. Einige unserer Männer, die in Stadacona[27] gewesen waren, um die Einheimischen zu besuchen, berichteten, dort habe sich eine erstaunlich große Zahl von ihnen versammelt. Unser Kapitän veranlasste daraufhin, alle Dinge in unserer Festung in einwandfreien Zustand zu bringen.

[Der Rest fehlt.]

---

26 Charlesbourg-Royal.
27 Offenbar existierte Stadacona immer noch.

Die Reise des Jean-François de La Rocque de
Roberval zu den Ländern Kanada, Saguenay
und Hochelaga – wo er den gesamten
Sommer und folgenden Winter verbrachte –
mit drei grossen Schiffen und zweihundert
Personen, sowohl Männern als auch Frauen
und Kindern, die im April 1542 begann.

Sir Jean-François de La Rocque, Ritter und Herr von Roberval, vom König zum Statthalter in den Ländern Kanada, Saguenay und Hochelaga ernannt, rüstete vor allem auf Kosten des Königs drei große Schiffe aus. In seiner Flotte befanden sich zweihundert Personen, Männer wie Frauen, sowie eine Vielzahl Edelleute von Stand, namentlich sein Leutnant Monsieur Saineterre[28], sein Fähnrich L'Espinay[29], Kapitän Guinecourt, Herr Noirefontaine[30], Dieu Lamont Frote[31], la Brosse, Francis de Mìre, la Salle[32], und Roieze sowie der exzellente Navigator Jean Alfonse von Saintonge[33]. Am 16. April 1542 setzten wir vor La Rochelle Segel und kamen am selben Tag gegen Mittag quer zur Landspitze Chef-de-Baie[34], wo wir gezwungen waren, die folgende Nacht zu verbringen. Am Montag, dem 17. des besagten Monats, brachen wir von der Chef-de-

---

28 Paul d'Aussillon (Auxilhon), Seigneur de Sauveterre.
29 Möglicherweise Nicolas de Lépinay, Seigneur de Neufville-sur-le-Wault.
30 Vermutlich einer der Söhne von Jean de Noirefontaine, Seigneur du Buisson et du Vouciennes.
31 Vermutlich ein Sohn von Jacques de Frotté, Präsident des Parlement de Paris.
32 Vermutlich Jean de la Salle, ein Soldat.
33 Jean Fonteneau, genannt Alphonse de Saintonge.
34 Chef-de-Baie, die Nordwestspitze der Bucht von La Rochelle.

Baie aus auf. Eine Weile war der Wind sehr günstig, doch nach einigen Tagen drehte er und verzögerte unsere Reise erheblich: Wir mussten umdrehen und bei Belle Île[35] vor der bretonischen Küste Schutz suchen. Dort blieben wir wegen widriger Winde und schlechten Wetters so lange, dass wir Neufundland erst am 7. Juni erreichten.

Am 8. Tag jenes Monats fuhren wir auf die Reede von Saint-Jean[36], wo wir siebzehn Fischerboote antrafen. Während wir uns dort eine Weile aufhielten, erreichten Jacques Cartier und seine Begleitung dieselbe Bucht auf ihrem Rückweg aus Kanada, wohin sie mit fünf Schiffen im Vorjahr[37] geschickt worden waren. Nachdem er unseren General begrüßt hatte, berichtete er, dass er einige Diamanten und einiges Golderz mit sich führe, das er in jenem Land gefunden habe. Das Erz schmolzen wir am folgenden Sonntag versuchsweise in einem Schmelzofen ein und befanden es für gut.

Des Weiteren berichtete Cartier dem General, er habe mit seiner kleinen Mannschaft den Wilden nicht widerstehen können: Diese hätten ihm nahezu täglich zugesetzt, und aus diesem Grund kehre er nach Frankreich zurück. Das Land jedoch beschrieben er und seine Leute als sehr fruchtbar und reich. Doch als unser General, der mit ausreichenden Kräften ausgestattet war, Cartier befahl, mit ihm nach Kanada zurückzukehren, stahlen er und seine Leute – offenbar bestrebt, allen Ruhm für ihre Entdeckungen allein zu ernten – sich heimlich in der folgenden Nacht davon und segelten ohne Ankündigung zurück in die Bretagne.

---

35 Belle-Île-en-Mer, Insel vor Quiberon (Bretagne).
36 Saint-Jean, heutige Hauptstadt Neufundlands.
37 1541.

Wir verbrachten den Großteil des Monats Juni in der Bucht von Saint-Jean, teilweise war dies der Aufnahme von Frischwasser geschuldet, welches wir dringend benötigten, und teilweise dem Beruhigen eines Konflikts zwischen einigen unserer Landsleute und Portugiesen. Schließlich lichteten wir am Ende jenes Monats die Anker, segelten in die Grand Baie[38], passierten die Île de l'Ascension[39] und erreichten schließlich eine Stelle vier Meilen westlich der Île d'Orleans. Dort entdeckten wir einen geeigneten Hafen[40] für unsere Schiffe, warfen Anker, gingen mit unseren Leuten an Land und wählten einen für unser Fort geeigneten Platz aus, von dem aus sich der Hauptfluss[41] kontrollieren lässt und der nach allen Seiten leicht gegen andringende Feinde zu verteidigen ist. Gegen Ende Juli brachten wir unsere Lebensmittel, Munition und anderen Vorräte an Land und begannen mit dem Errichten von Verteidigungsanlagen.

Über das Fort France-Roy und was dort getan wurde.

Beginn, Mitte und Ende der Reise von Monsieur Roberval in den Ländern Kanada, Hochelaga, Saguenay und anderen Ländern im Westen wurden bereits beschrieben: Er segelte so weit (wie in anderen Berichten wiedergegeben), bis er in Begleitung von zweihundert Personen – Soldaten, Seeleuten und einfachen Leuten – und aller notwendigen Ausrüstung für seine Flotte im besagten Land ankam. Bei seiner ersten

---

38 Im Sankt-Lorenz-Golf der südwestliche Eingang zur Enge bei Belle-Isle.
39 Île d'Anticosti.
40 Vermutlich der Fluss du Cap Rouge. (S. oben Dritte Reise, Fn. 7).
41 Der Sankt-Lorenz-Strom.

Ankunft errichtete der General nahe und etwas westlich von Kanada ein stabiles Fort, das sehr schön anzusehen war und überaus mächtig. Es lag auf einem hohen Berg und umfasste zwei Bauwerke: Ein großer Turm und ein weiteres Gebäude von vierzig oder fünfzig Fuß Länge, worin sich diverse Kammern, eine Halle, eine Küche, Verwaltungsgebäude, sowie hohe und niedrige Keller befanden. In der Nähe gab es einen Ofen, Mühlen, und einen beheizten Raum, in dem man sich aufwärmen konnte. Vor dem Haus gab es einen Brunnen. Das Gebäude lag am Ufer des großen Stromes von Kanada, den Monsieur Roberval auf den Namen »France Prime«[42] taufte. Am Fuß des Berges befanden sich weitere Unterkünfte, zu denen ein hoher, zweistöckiger Turm und zwei bebaute Plätze gehörten. Dort wurden zunächst all unsere Lebensmittel verwahrt und was auch immer wir sonst mit uns gebracht hatten und aufzuheben trachteten. In der Nähe des Turms floss ein kleiner Fluss. An diesen beiden Orten – oben und unten – war all das einfache Volk untergebracht.

Im August und Anfang September war jeder Mann gemäß seinen Fähigkeiten mit Arbeiten beschäftigt. Doch am 14. September schickte unser General zwei Schiffe, die seine Ausrüstung gebracht hatten, zurück nach Frankreich: Zum Admiral ernannte er Monsieur Saineterre, der andere Kapitän war Monsieur Guinecourt. Ihr Auftrag lautete, dem König die Neuigkeiten zu berichten, und, soweit dies im Sinne des Königs war, im nächsten Jahr mit Lebensmitteln und anderen Dingen zum General zurückzukehren. Außerdem sollten sie berichten, wie der König gewisse Diamanten aufgenommen habe, die ihm geschickt und in diesem Land gefunden worden waren.

---

42 Der Sankt-Lorenz-Strom.

Die Reise des Roberval

Nach dem Aufbruch der beiden Schiffe galt alle Sorge der Frage, was als nächstes zu tun sei, und der Vorbereitung auf die Überwinterung an diesem Ort. Als erstes wurden die Vorräte an Lebensmitteln überprüft und für unzureichend befunden. Sie wurden in so kleine Rationen geteilt, dass jede Messe zwei Laibe Brot von je einem Pfund und ein halbes Pfund Rindfleisch erhielt. Zu Mittag aßen sie Schinkenspeck mit einem halben Pfund Butter, und das Abendessen bestand aus Rindfleisch und etwa zwei Handvoll Bohnen ohne Butter. Mittwochs, freitags und an Samstagen gab es getrockneten Kabeljau, mitunter gab es ihn zum Mittagessen grün mit Butter und zum Abendessen Tümmler und Bohnen.

Zu ungefähr jener Zeit brachten die Wilden uns im Austausch für Messer und andere Kleinigkeiten eine große Menge »Alosa« – einen etwas rötlichen Fisch, der dem Lachs ähnelt.

Schließlich fiel eine große Zahl unserer Leute einer seltsamen Erkrankung ihrer Beine, Nieren, und ihres Bauches zum Opfer: Es schien, als seien sie all ihrer Gliedmaßen beraubt, und ungefähr fünfzig von ihnen starben[43].

Das Eis begann im April zu schmelzen.

Monsieur Roberval war überaus gerecht und bestrafte jeden entsprechend seinem Vergehen: Einen Mann namens Michel Gaillon ließ er wegen Diebstahls hängen. Jean de Nantes wurde ebenso wie andere für sein Vergehen in Ketten gelegt und gefangen gesetzt. Einige Männer wie auch Frauen wurden ausgepeitscht, woraufhin man ohne weitere Unruhe lebte.

---

43 Vermutlich war der Skorbut die Todesursache.

Dritte Reise

Die Sitten der Wilden

Die Lebensbedingungen der Wilden lassen sich wie folgt beschreiben: Sie haben starke, wohlgeformte Körper und sind sehr weiß, aber alle nackt. Wären sie bekleidet wie die Franzosen, wären sie ebenso weiß und schön, doch bemalen sie sich aus Furcht vor Hitze und Sonnenbrand. Statt Kleidung tragen sie Felle auf der Haut als Mäntel, und darunter tragen Männer wie Frauen eine Art kleine Hose, die ihr Geschlecht bedeckt. Sie haben exzellent gefertigte Hosen und Schuhe aus Leder, tragen aber weder Hemden noch Kopfbedeckungen. Ihr Haar ist über ihrem Kopf zusammengebunden und zu einem oder mehreren Zöpfen geflochten.

Was ihre Ernährung angeht, so essen sie viel Fleisch, jedoch völlig ungesalzen. Allerdings trocknen sie es und grillen es anschließend, und zwar sowohl Fisch als auch Fleisch. Sie haben keine festen Wohnsitze, sondern ziehen von Ort zu Ort, je nachdem, wo sie erwarten, etwas zu essen zu finden, wie etwa »Alosa« und andere Fische wie Lachse, Störe, Meeräschen, Barben, Barsche, Karpfen, Aale, Pinpernaux und andere Süßwasserfische sowie jede Menge Schweinswale. Außerdem essen sie Hirsche, Wildschweine, Elche, Stachelschweine und eine Vielzahl anderer Wildtiere. Darüber hinaus gibt es so viel Geflügel, wie man es sich nur wünschen kann. Was ihr Brot betrifft, so ist es sehr gut, denn sie verwenden hervorragendes Mehl. Sie leben sehr gut, da sie sich ansonsten für nichts interessieren. Bei großen Festessen trinken sie Robbenöl.

Sie haben in jedem Land einen König, sind ihm außerordentlich ergeben und ehren ihn entsprechend ihren Traditionen. Bei ihren Reisen von Ort zu Ort nehmen sie in ihren Booten all ihre Besitztümer mit.

Die Frauen geben ihren Kindern die Brust und schlingen sie mit Häuten und Fellen in sitzender Haltung um ihre Bäuche.

Monsieur Robervals Reise von seinem Fort in Kanada nach Saguenay, 5. Juni 1543

Am Dienstag, den 5. Juni 1543 brach Monsieur Roberval, Stellvertreter des Königs in den Ländern Saguenay und Hochelaga, nach dem Abendessen mit all seiner Ausrüstung in die besagte Provinz Saguenay auf. Wegen einer Verzögerung lagen sie noch vor dem zuvor beschriebenen Ort wieder auf der Reede, doch am Mittwoch setzten sie gegen sechs Uhr am Morgen Segel und fuhren den Strom hinauf. Zusammen mit dem General bestand die Expedition aus siebzig Mann, verteilt auf acht große und kleine Barken.

Im Fort ließ der General dreißig Personen zurück, die dort auf seine für den 1. Juli geplante Rückkehr aus Saguenay warten sollten. Falls er nicht zurückkehre, sollten sie nach Frankreich heimkehren. Bei ihnen zurück ließ er zwei Barken, um die besagten dreißig Personen und die dortige Ausrüstung zu transportieren, solange er noch im Lande war. Um dies umzusetzen, ließ der General als seinen Stellvertreter einen Edelmann namens Monsieur de Roieze zurück, dem er das Kommando übertrug und dem zu gehorchen er alle Männer verpflichtete. Alle Lebensmittel, die zu ihrer Versorgung bis zum 1. Juli zurückgelassen wurden, wurden von Monsieur Roieze empfangen.

Am Donnerstag, den 14. Juni, kehrten Monsieur de L'Espinay, La Brosse, Monsieur Frote, Monsieur Longeval[44]

---

44 Robert de Longueval, Sieur de Thenelles (Dept. Oise, Frankreich).

und andere Begleiter des Generals von der Reise nach Saguenay zurück[45].

Anzumerken ist, dass eine Barke sank, wobei acht Mann ertranken, unter ihnen Monsieur de Noirefontaine und jemand namens La Vasseur de Constance[46].

Am Dienstag, den 19. Juni, kamen vom General her Monsieur de Villeneufe, Talebot und drei weitere. Sie brachten mit sich einhundertzwanzig Pfund Getreide und Briefe mit der Order, länger zu warten, nämlich bis zum Tag der heiligen Maria Magdalena, also dem 22. Juli.

[Der Rest (des Berichts) über diese Reise fehlt.]

---

45 Vermutlich ließen sie Roberval bei den Lachine-Stromschnellen.
46 Vermutlich Coutances (Dept. Manche, Frankreich).

Anhang

ZEITTAFEL

1491	Jacques Cartier wird in Saint-Malo geboren.
1492	Kolumbus entdeckt San Salvador in den Bahamas.
1494	Vertrag von Tordesillas legt eine Demarkationslinie (Längengrad 46° 37' West) zwischen spanischem und portugiesischem Kolonialgebiet fest.
1497–1498	Caboto in Neufundland (?).
1500–1501	Gaspar Corte Real in Grönland und Neufundland (?).
1502	Miguel Corte Real in Neufundland.
1515	Franz I. König von Frankreich.
1519	Karl V. Kaiser (1516 König von Spanien).
1519–1521	Reise von Magellan (stirbt unterwegs) um die Welt.
1520	Cartier heiratet Catherine des Granches.
1520–1521	Fagundes in Neuschottland und Neufundland.
1524	Verrazano erkundet die nordamerikanische Atlantikküste.
1525	Verrazanos Neufrankreich wird Neuspanien.
1532	Le Veneur stellt Cartier König Franz I. vor.
1532/1564	Rabelais, *Pantagruel*.

Erste Reise Cartiers nach Kanada (1534)

1534	20.04.	Abfahrt in Saint-Malo (2 Schiffe).
	10.05.	Ankunft am Kap „Bonne-Viste" (Neufundland).
	12.06.	Begegnung mit einem Schiff aus La Rochelle; Begegnung mit Eingeborenen (Beothuks?).
	27.–29.06.	Entdeckung der Magdalenen-Inseln.
	30.06.	Ankunft an der Prinz-Eduard-Insel; Begegnung mit Eingeborenen (Micmacs).
	16.07.	Begegnung mit Eingeborenen (Irokesen) an der Gaspé-Halbinsel.
	24.07.	Errichtung eines Kreuzes auf der Gaspé-Halbinsel.
	05.08.	Begegnung mit Eingeborenen (Montagnais).
	15.08.	Abfahrt von Blanc-Sablon.
	05.09.	Ankunft in Saint-Malo.

Zweite Reise Cartiers nach Kanada (1535–1536)

1534	30.10.	Cartier erhält Auftrag für eine zweite Reise.
1535	19.05.	Abfahrt Cartiers von Saint-Malo (3 Schiffe).
	07.07.	Ankunft Cartiers bei Neufundland.
	26.07.	Alle drei Schiffe treffen sich bei Blanc-Sablon.
	01.08.	Errichtung eines Kreuzes im Hafen Saint-Nicolas.
	09.–10.08.	Ankunft Cartiers in der Sankt-Lorenz-Bucht.
	01.09.	Cartier erreicht die Mündung des Saguenay.
	07.09.	Ankunft Cartiers bei Stadacona.
	19.09.	Abfahrt Cartiers nach Hochelaga.
	02.10.	Ankunft in Hochelaga.
	11.10.	Rückkehr Cartiers ins Lager bei Stadacona.

	Dezember	Skorbut in Stadacona, dann bei den Franzosen.
1536	März	Heilmittel gegen Skorbut wirkt.
	03.05.	Errichtung eines Kreuzes; Donnacona und weitere Irokesen auf Schiff festgesetzt.
	06.05.	Abfahrt Cartiers zur Île d'Orléans.
	19.05.	Abfahrt Cartiers nach Frankreich.
	16.07.	Ankunft Cartiers in Saint-Malo.

Dritte Reise Cartiers nach Kanada (1541 – 1542)

1540	17.10.	Cartier erhält Auftrag für eine dritte Reise.
1541	15.01.	Roberval erhält Reiseauftrag und wird Cartier übergeordnet.
1541	23.05.	Abfahrt Cartiers von Saint-Malo (5 Schiffe).
	23.08.	Ankunft Cartiers vor Stadacona. Ende August Errichtung der Siedlung und Befestigung Charlesbourg-Royal.
	02.09.	2 Schiffe fahren zurück nach Frankreich.
	07.09.	Abfahrt Cartiers nach Hochelaga.
1542	16.04.	Abfahrt Robervals von La Rochelle (3 Schiffe).
	07.06.	Ankunft Robervals in Neufundland.
	Juni	Begegnung Cartiers in Neufundland mit Roberval.
	19.06.	Abfahrt Cartiers nach Frankreich.
	Ende Juli	Roberval lässt sich in France-Roy (Charlesbourg-Royal) nieder.
	September	Ankunft Cartiers in Saint-Malo.
	14.09.	Roberval schickt 2 Schiffe zurück nach Frankreich.
1543	September	Rückkehr Robervals nach Frankreich.

Zeittafel

1545	*Brief récit* (Bericht über die zweite Reise Cartiers) in Paris veröffentlicht.
1547	Tod Franz' I.
1556	Bericht über die beiden ersten Reisen veröffentlicht auf Italienisch (Übersetzung aus dem Französischen) in Venedig (Ramusio).
1557	Cartier stirbt in Saint-Malo.
1560	Roberval wird in Paris ermordet.
1580	Bericht über die beiden ersten Reisen veröffentlicht auf Englisch (Übersetzung aus dem Italienischen) in London (Florio).
1598	Bericht über die erste Reise veröffentlicht auf Französisch (Rückübersetzung aus dem Italienischen) in Rouen (Petit Val).
1583/1584	Hakluyt entdeckt in Paris die Manuskripte der Berichte über Cartiers Reisen.
1600	Hakluyt veröffentlicht auf Englisch die Berichte über die drei Reisen Cartiers und über Robervals Reise in London.
1843	Veröffentlichung der Berichte über Cartiers Reisen und Robervals Reise in modernisiertem Französisch in Quebec City (Soiété littéraire et historique).
1867	Bericht über erste Reise (neu entdecktes Manuskript) veröffentlicht in Paris (Michelant).
1924	Kritische Textausgabe aller drei Reiseberichte (franz. und engl.) in Ottawa (Biggar).
1946	Veröffentlichung der Berichte über die drei Reisen Cartiers in modernem Französisch in Paris (Julien).
1986	Kritische Textausgabe der Berichte über die drei Reisen Cartiers sowie Robervals Reise (franz. und engl.) in Montreal (Bideaux).

Auswahlbibliographie

Texte

Brief récit, & succincte narration, de la nauigation faicte es ysles de Canada, Hochelage & Saguenay & autres ... (Paris, 1545).

G.B. Ramusio, Terzo volvme delle navigationi et viaggi nel quale si contengono Le Nauigationi al Mondo Nuouo ... (Venetia, 1556).

A shorte and briefe narration of the two nauigations and discoueries to the Northwest partes called Newe Fravnce ... Translated by John Florio (London, 1580).

Discovrs de voyage fait par le Capitaine Jaqves Cartier aux Terres-neufues de Canadas, Norembergue, Hochelage, Labrador, & pays adiacens ... Printed by De Raphaël du Petit Val (Rouen, 1598).

The principal navigations voyages traffiques & discoveries of the English nation. Collected by Richard Hakluyt. Vol. XIII (Edinburgh, 1889).

Voyages de découverte au Canada, entre les années 1534 et 1542, par Jacques Quartier ... (Québec, 1843).

Relation originale du voyage de Jacques Cartier au Canada en 1534 ... Hg. von H. Michelant und A. Ramé (Paris, 1867).

The Voyages of Jacques Cartier. Published from the Originals with Translations, Notes and Appendices. Hg. von H.P. Biggar (Ottawa, 1924).

Michel Bideaux, Jacques Cartier, Relations (Montréal, 1986).

Jacques Cartier, Voyages au Canada: Avec les relations des voyages en Amérique de Gonneville, Verrazano et Roberval. Hg. von Ch.-A. Julien, R. Herval, Th. Beauchesne (Paris, 1989).

Bearbeitende Werke

Es gibt kaum zuverlässige, neuere Literatur über die Reisen Jacques Cartiers. Den besten Zugang bieten immer noch die Schriften von Marcel Trudel, insbesondere sein ausführlicher Artikel „Cartier, Jacques", *Dictionary of Canadian Biography.* Bd. I (Toronto, 1966), 154-66 sowie die entsprechenden Passagen in seinem Buch *The Beginnings of New France 1524-1663* (Toronto, 1973).

Abbildungsnachweis

- S. 22: Karte: Wikimedia Commons, Bearbeitung durch Edition Erdmann
- S. 26 & 29: Giovanni Battista Ramusio, Navigazioni e viaggi. Volume 3 (Venedig 1556)
- S. 32: Karte: Wikimedia Commons, Bearbeitung durch Edition Erdmann
- S. 47: Brief récit & succincte narration, de la nauigation faicte es ysles de Canada (Paris 1545)

Bibliografische Information der Deutschen Nationalbibliothek
Die Deutsche Nationalbibliothek verzeichnet diese Publikation in der Deutschen Nationalbibliografie; detaillierte bibliografische Daten sind im Internet über http://dnb.d-nb.de abrufbar.

Es ist nicht gestattet, Abbildungen und Texte dieses Buches zu scannen, in PCs oder auf CDs zu speichern oder mit Computern zu verändern oder einzeln oder zusammen mit anderen Bildvorlagen zu manipulieren, es sei denn mit schriftlicher Genehmigung des Verlages.

Alle Rechte vorbehalten

© by Edition Erdmann in der Verlagshaus Römerweg GmbH, Wiesbaden 2020
Cover & Umschlag: Anja Carrà, Weimar, Karina Bertagnolli, Wiesbaden
Bildnachweis: Der Fluss Rivière Jacques-Cartier in Québec, Kanada © AdobeStock / David
Der Titel wurde in der Adobe Garamond gesetzt.
Gesamtherstellung: CPI books GmbH, Leck – Germany

ISBN: 978-3-7374-0056-5

Mehr über Ideen, Autoren und Programm des Verlags finden Sie auf
www.verlagshausroemerweg.de und in Ihrer Buchhandlung.